MARCO POLO

KÖLN

Reisen mit Insider Tipps

> Köln ist keine geleckte Schicki-Micki-Stadt, sondern hier ist alles ein bisschen zu krumm und zu klein geraten, hier geht es erdverbunden zu. Die Stadt ist mediterran-laut; man lebt und lässt leben.

MARCO POLO Autor
Jürgen Raap

(siehe S. 130)

Spezielle News, Lesermeinungen und Angebote zu Köln:
www.marcopolo.de/koeln

KÖLN

> SYMBOLE

Insider Tipp MARCO POLO INSIDER-TIPPS
Von unserem Autor für Sie entdeckt

★ MARCO POLO HIGHLIGHTS
Alles, was Sie in Köln kennen sollten

SCHÖNE AUSSICHT

WLAN-HOTSPOT

▶▶ HIER TRIFFT SICH DIE SZENE

> PREISKATEGORIEN

HOTELS

€€€ über 120 Euro
€€ 90–120 Euro
€ unter 90 Euro
Die Preise gelten für zwei Personen im Doppelzimmer mit Frühstück pro Nacht

RESTAURANTS

€€€ über 19 Euro
€€ 14–19 Euro
€ bis 14 Euro
Die Preise gelten für ein das jeweilige Restaurant typisches Hauptgericht ohne Getränke

> KARTEN

[110 A1] Seitenzahlen und Koordinaten für den Cityatlas Köln
[0] außerhalb des Kartenausschnitts

Zu Ihrer Orientierung sind auch die Objekte mit Koordinaten versehen, die nicht im Cityatlas eingetragen sind. Übersichtskarte Köln mit Umland auf Seite 120/121. Eine Übersicht über den Verkehrsverbund Rhein-Sieg finden Sie im hinteren Umschlag

INHALT

> SZENE

S. 12–15: Trends, Entdeckungen, Hotspots! Was wann wo in Köln los ist, verrät die MARCO POLO Szeneautor vor Ort

> 24 STUNDEN

S. 94/95: Action pur und einmalige Erlebnisse in 24 Stunden! MARCO POLO hat für Sie einen außergewöhnlichen Tag in Köln zusammengestellt

> LOW BUDGET

Viel erleben für wenig Geld! Wo Sie zu kleinen Preisen etwas Besonderes genießen und tolle Schnäppchen machen können:

Gratiskonzerte im Kölner Dom S. 32 | Günstiger Kaffee in der Kölner Altstadt S. 61 | Sportbekleidung zu Discountpreisen S. 66 | Punk-Rock für Preisbewusste S. 77 | Günstige Bed and Breakfast-Zimmer S. 85

> GUT ZU WISSEN

Kölsche Lösung S. 10 | Entspannen & Genießen S. 29 | Bücher & Filme S. 39 | Richtig fit! S. 46 | Blogs & Podcasts S. 50 | Gourmettempel S. 56 | Spezialitäten S. 58 | Zuschauersport S. 75 | Luxushotels S. 82

AUF DEM TITEL

Rheinauhaufen: ein neues Viertel erleben S. 15
Szene-Treff Ehrenfeld S. 48

ENTDECKEN SIE KÖLN!

Unsere Top 15 führen Sie an die traumhaftesten Orte und zu den spannendsten Sehenswürdigkeiten

Die Highlights sind in der Karte auf dem hinteren Umschlag eingetragen

1 Art Cologne
Die älteste Messe für moderne Kunst und bedeutendste Kunstmesse Deutschlands: Im April wird Köln zum Mekka für Künstler, Museumsleute, Sammler und Kritiker (Seite 20)

2 Sommer Köln
Im Juni und Juli bietet die lokale Musik-, Kleinkunst- und Theaterszene ihrem Publikum Open-Air-Events bei freiem Eintritt (Seite 21)

3 Dom
Wunderbarer Ausdruck des Bestrebens gotischer Baukunst: Die Türme sollten in den Himmel wachsen und die Glasfenster das Innere des Gotteshauses in ein mystisches Licht tauchen (Seite 25)

4 Fischmarkt
Hier haben Sie eine schöne Aussicht auf Groß St. Martin und die Altstadthäuser (Seite 29)

5 Museum Ludwig
Für alle Kunstfans: Eine der international bedeutendsten Sammlungen mit Werken des 20. und 21. Jhs. (Seite 30)

6 Rathaus
Kunsthistorisch wertvolle Renaissancefassade. Von der Laube aus wurden früher Ratsbeschlüsse verkündet (Seite 32)

7 Römisch-Germanisches Museum
Das 1700 Jahre alte Dionysosmosaik ist nach einem schweren Sturmschaden wieder komplett restauriert worden (Seite 32)

> DIE BESTEN MARCO POLO HIGHLIGHTS

8 Eigelsteintorburg
Symbol aus Stein: Das Relief des „Kölschen Boor" repräsentiert die Wehrhaftigkeit der mittelalterlichen Stadt (Seite 42)

9 St. Ursula
Bizarr wirkt die Goldene Kammer mit Knochenreliquien (Seite 43)

10 Skulpturenpark
Bildhauer zeigen ihre Plastiken und Installationen in dem Park an der Zoobrücke (Seite 50)

11 Nippes
„Heute Tomaten mit ganz vielen Vitaminen!": Kölsche und südländische Marktschreier überbieten sich mit originellen Sprüchen (Seite 69)

12 Kölner Philharmonie
Bühne für internationale Klassikstars und renommierte Kölner Orchester. Das Programm reicht von Beethoven bis John Cage (Seite 73)

13 1460 – Galerie & Lounge
Eine Bar im Gewölbekeller der 500 Jahre alten Kapelle von Klein St. Martin (Seite 74)

14 Puppenspiele der Stadt Köln
„Typisch kölsch" sind die Schwänke mit dem Hauptdarsteller „Hänneschen" und dem „Speimanes" (Seite 77)

15 Hotel Savoy
Das Hotel mit seinem phantasievollen Design ist die Lieblingsherberge prominenter Schauspieler (Seite 81)

WAS FÜR EINE STADT!

Stadtpanorama am Rheinufer

Ob Fernseh-Gala, Presseball, Karnevalsfete oder studentische Club-Party: So ungezwungen und ausgelassen wie in Köln feiert man sonst nirgendwo. Die Domstadt ist jedoch mehr als nur eine Partymetropole. Sie ist Universitäts- und Medienstadt, Wirtschaftszentrum mit einer der größten Messen und vor allem eine Stadt mit Geschichte und Kultur an jeder Ecke: römische Gemäuer, mittelalterliche Kirchen, Museen, Galerien, Musicals, Kabarett, Comedyfestivals und Rockmusik von BAP bis Brings. Eine Stadt, in der die Küchen aus aller Welt zu Haus sind – und lokale Spezialitäten wie „Himmel un Ääd" oder das obergärige Kölsch-Bier.

> Die Hohenzollernbrücke ist so gebaut, dass Sie bei der Ankunft das Gefühl haben, der Zug fahre genau auf den Dom zu. Aus dem Abteilfenster blicken Sie auf die Schokoladenseite: auf den Rhein mit der weißen Flotte der Ausflugsdampfer, die Brücken, die schmalbrüstigen Häuser der Altstadt, den mächtigen romanischen Bau von Groß St. Martin.

Auf jeden Fall: die Insignien einer Großstadt. Ob Köln aber auch eine Millionenstadt ist, hängt von der Zählweise ab. Im Statistischen Landesamt Düsseldorf kommt man zu einem anderen Ergebnis als im Kölner Amt für Statistik. Die Kölner rechnen nämlich auch die Studierenden mit, die nur mit Zweitwohnsitz gemeldet sind. Dann sind es tatsächlich 1014000 Einwohner. Für die Kölner Lokalpresse liegt diese Zahl sogar deutlich über einer Million. Eine Sichtweise, die typisch kölsch ist: Wenn der 1. FC Köln ein Spiel gewinnt, singen die Fans voller Freude „Et hätt noch immer jot jejange" (Es ist noch immer gut gegangen), und der Trainer wird heilig gesprochen. Bei einer Niederlage tröstet man sich damit, dass der Club ja zuletzt erst 1978 deutscher Meister war. Im Zeitgefühl einer Stadt mit Relikten und Reliquien aus 2000 Jahren ist das noch nicht so lange her.

> Eine Stadt mit Relikten und Reliquien aus 2000 Jahren

Rheinischen Optimismus verbreitet auch der Wirtschaftsdezernent: Bis zum Jahr 2030 müsse sich Köln keine Sorgen wegen einer Überalterung machen. Denn vor allem die Ansiedlung von Firmen der Medien- und Kommunikationsbranche führte zu einer Zuwanderung junger Westdeutscher unter 30 Jahren. Zehn Fernseh- und Rundfunksender sind es immerhin, die ihren Sitz in Köln haben. Die Stadt ist eine führende Medienmetropole mit 15000 Mitarbeitern in 800

Lebensfreude im Angesicht der Stadt: Biergarten am Kennedy-Ufer

Firmen. Mehr als 40 internationale Messen finden jährlich in Köln-Deutz statt. Mit acht Hochschulen ist die Metropole zudem ein Zentrum für Bildung, Forschung und Wissenschaft. Die Forschungsstätten sind Schwerpunkte für die Schlüsseltechnologien des 21. Jhs.: Multimedia, Kommunikations- und Softwaretechnologie, Medizin, Biotechnologie, Solar- und Umweltforschung.

Auch der Karneval ist ein Wirtschaftsfaktor, der u.a. Mützensticker und Musiker, Kostümschneider und Kellner ernährt. Rund 100 Karnevalsgesellschaften veranstalten zwischen Neujahr und Aschermittwoch etwa 500 Bälle und Sitzungen. An den tollen Tagen zwischen Weiberfastnacht und Rosenmontag haben Sie nur zwei Möglichkeiten: Sie meiden die Stadt, oder Sie feiern mit! Nur müssen Sie wissen, wo und wie, denn die vielen Fernsehübertragungen haben in den letzten Jahren einer fragwürdigen Kommerzialisierung des Karnevals Vorschub geleistet. In den typischen Touristenfallen werden Sie Opfer gastronomischen Nepps, und plumpe Altherrenwitze und Rumtata-Gedröhne als Kulisse für ein Massenbesäufnis sind gewiss nicht jedermanns Sache. Das hat mit urkölschem Brauchtum allerdings auch nichts (mehr) zu tun. Bei den kleineren Gesellschaften können Sie aber immer noch einen wirklich schönen und urtümlichen Volkskarneval erleben.

Auch wenn heute nur ein Drittel der Einwohner gebürtige Kölner sind: Die mediterrane Leben-und-lebenlassen-Atmosphäre beeinflusst auch die Zugereisten. In Brauhäusern und Biergärten können Sie feststellen: Rheinländer sind zwar unkompliziert und kontaktfreudig, beschränken diese Kontakte aber auf Flüchtiges. Große Namen und sozialer Status machen in dieser Bürgerstadt keinen Eindruck. Promis sind einfach nur „Lück wie ich un du" (Lück = Leute). Auch sonst ist das Verhältnis der Kölner zur Obrigkeit und zu anderen Autoritäten eher unbefangen. Treffen sie auf Mitmenschen mit Neigung zu gespreiztem Gehabe, demonstrieren sie gern ihre Vorliebe für Erdverbundenes und Schnörkelloses: „Mach nit esu en Jedöns!" Das Einzige, was die Kölner sich an metaphysischer Anwandlung leisten, ist die Überzeugung „Et kütt wie et kütt" (Es kommt wie es kommt). Sie lässt sie die Widrigkeiten des Lebens mit stoischem Gleichmut ertragen.

> *Es gibt ihn noch, den urtümlichen Volkskarneval*

Und so lebten auch schon die Urkölner nach der Devise „Seid nett zueinander". Das waren die Ubier, die der römische Statthalter 38 v.Chr. am linken Rheinufer ansiedelte. Als handfeste Pragmatiker zogen sie es vor, mit den Römern Handel zu treiben statt Kriege zu führen. Eine Geisteshaltung, die sich durchsetzte: Egal, wer in den folgenden 2000 Jahren die Stadt regierte, die Bürger wussten immer hinter dem Rücken der weltlichen wie der geistlichen Obrigkeit ihre eigenen Interessen zu wahren. Aus diesem Gemauschel entstand seit dem Mittelalter der sprichwörtliche „kölsche Klüngel". Das Wort bedeutet Knäuel – für den Außenstehenden ist der Klüngel etwas undurchsichtig Verwobenes. Dessen moderne Ausdrucksform brachte Konrad Adenauer in seiner Zeit als Kölner Oberbürgermeister (1917 bis 1933 und 1945) auf die Formel: „Man kennt sich, man hilft sich".

> *Kaufleute und Handwerker bestimmten Kölns Geschicke*

Die wunderschönen romanischen Kirchen sind Zeugnisse des einstmals „hillige Kölle", aber die selbstbewussten, freisinnigen Bürger verstanden es durchaus, ihre Frömmigkeit mit den vitalen Interessen des Diesseits zu verbinden. 1288 verbannten sie den Erzbischof, der auch Kurfürst war, aus ihren Mauern – Köln war nun de facto freie Reichsstadt. Später fielen die Bewohner nicht mehr durch allzu großen umstürzlerischen Elan auf. Im Kölnischen Stadtmuseum sehen Sie ein Bild mit einer Szene der Revolution von 1848: Die Kölner Revolutionäre hatten ihre Barrikade mit Bedacht direkt neben einer Weinkneipe errichtet. Der Legende nach soll Stunden später ein preußischer Schutzmann das Lokal betreten und den Zechern zugerufen haben: „Ihr könnt die Barrikade wieder abbauen; die Revolution ist vorbei!"

In dieser Zeit tauchten im Hänneschen-Theater auch erstmals die Figuren Tünnes und Schäl auf. Sie veranschaulichen die beiden Seiten des kölschen Wesens: Tünnes verkörpert den pfiffig-bäuerlichen Einschlag; er ist ein Trieb- und Sinnenmensch. Schäl ist der Kulturbürger. Köln war allerdings nie eine feudale Residenzstadt mit breiten Boulevards, sondern immer eine Stadt der Kaufleute und Handwerker mit verwinkelten Straßen und Gassen. Fast 2000 Jahre lang orientierten sich die Kölner kulturell am linken Rheinufer, an den Fundamenten der römischen und mittelalterlichen Stadt. Die rechte Uferseite galt als „Schäl Sick", als schielende Seite. Der Name leitet sich von den

> KÖLSCHE LÖSUNG

Rheinländer sind kompromissfähig

Zu ihren Lokalheiligen haben die Kölner bis heute ein ungebrochenes Verhältnis. Einer der Stadtpatrone ist der hl. Severin. Er war Bischof in Köln und wurde nach dem Tod in seiner Geburtsstadt Bordeaux beerdigt. Während einer Dürreperiode wollten die Kölner den Heiligen anrufen, um einen Wetterumschwung zu bewirken. Dazu benötigten sie aber seine Gebeine, und so machte sich eine Delegation auf den Weg nach Frankreich. Dort sträubte man sich zunächst, ihnen die Reliquien zu überlassen. Schließlich einigten sich die Parteien – die Kölner zogen mit dem halben Severin heim. Dieser Kompromiss ist ein gutes Beispiel für das Prinzip der „kölschen Lösung", die man mit der Formel bekräftigt: „Do han mer all jet vun" (Davon haben wir alle etwas).

Pferden ab, die einst die Lastkähne am Ufer stromaufwärts zogen. Zur Flussseite hin legte man ihnen Scheuklappen an, was bei den Tieren auf Dauer zu Schielen führte. Für die Römer lebten auf der Schäl Sick die Barbaren, und auch im 20. Jh. beurteilte man das rechte Rheinufer nicht schmeichelhafter. Als Oberbürgermeister Konrad Adenauer in den 20er-Jahren auch preußischer Landtagsabgeordneter war und einmal im Monat mit dem Zug nach Berlin fuhr, pflegte er angeblich schon auf der Rheinbrücke seine Mitreisenden zu belehren: „In Köln-Deutz fängt der Bolschewismus an." Erst in unseren Tagen erfahren die rechtsrheinischen Vororte Deutz und Kalk eine urbane Aufwertung, durch die Mehrzweckhalle „Lanxess Arena", das Technische Rathaus, den Neubau des Polizeipräsidiums und durch den ICE-Bahnhof Köln-Deutz.

> Kaufleute und Handwerker bestimmten Kölns Geschicke

Schon jetzt erinnert nur noch der Name der Schäl-Sick-Bar im Hyatt Regency an frühere Zeiten. Wenn Sie sich auf der Terrasse dieses Hotels einen Kaffee gönnen, haben Sie übrigens eine sagenhafte Aussicht aufs Rheinpanorama. Kaum ein Postkartenfotograf versäumt es, an dieser Stelle sein Stativ für seine Kamera aufzubauen: Das eindrucksvolle Motiv mit Dom, Museum Ludwig, Rheingarten und Stapelhaus ist nun mal typisch kölsch.

Futuristisch: die Roboterausstellung im Museum für Angewandte Kunst

TREND GUIDE KÖLN

Die heißesten Entdeckungen und Hotspots! Rico Bachmann scoutet Sie durch den Szene-Dschungel

Unser Szene-Scout
lebt und arbeitet als freier Journalist in Köln. Für ein Kölner Stadtmagazin ist er als Partyreporter und Gastrotester unterwegs. Klar, dass der Nachtschwärmer die neuesten Hotspots oft als erster entdeckt. Zu seinen Lieblingen zählen nicht nur die Bars *Café Café* und *KGB abhörbar*, sondern auch die neuen Kombilocations, die Kunst und Genuss perfekt vereinen.

MEHR ALS KUNST

Coole Kombinationen

Kölner wollen mehr! Essen, Trinken, Stylen und Kunstgenuss in einem stehen ganz oben auf der Beliebtheitsskala. So wird die *Kunstbar* jedes Jahr von einem anderen Künstler umgestaltet: Von der Einrichtung über Licht und Ton bis hin zu den Getränken wird die Location zum Gesamtkunstwerk *(Chargesheimerplatz 1, www.diekunstbar.de*, Foto*)*. *Headhouse Deluxe* setzt auf das Konzept aus Bar, Galerie und Friseur. Der Laden gilt nicht nur als Plattform für junge Künstler, sondern ist auch die erste Adresse, um sich den richtigen Look für den Abend verpassen zu lassen *(Do–Sa bis 22 Uhr, Hohenstaufenring 78)*. Das *Motoki-Wohnzimmer* des gleichnamigen Kollektivs ist Atelier, Kreativwerkstatt und Eventlocation *(Stammstr. 32-34, www.motoki-kollektiv.de)*.

SZENE

▶▶ DIE KÖLNER ALPEN

Klettern in der Stadt

Kölns Sportler zieht es in die Höhe: Klettern entwickelt sich zum Trendsport. Die unzähligen Kletterhallen beweisen, dass man auch diesseits der Alpen Höhenluft schnuppern kann. Anfänger und Profis sind im *Canyon Chorweiler* an der richtigen Adresse: Die moderne Kletterhalle begeistert mit über 1000 m² Kletterfläche, einem Indoor-Hochseilgarten mit Hängebrücken und Seilkonstruktionen und einem Boulderbereich, wo Sportler in Absprunghöhe ohne Sicherung klettern können *(Weichselring 6a, www.canyon-chorweiler.de,* Foto*)*. In der *Kletterfabrik Köln* gilt es, Wände zu erklimmen, Überhänge zu meistern und Boulderpilze zu bezwingen *(Lichtstr. 25, www.kletterfabrik-koeln.de)*. Auf gleich drei Parcours geht es im Hochseilgarten *Rope Island* zur Sache *(Kölner Jugendpark/Sachsenbergstr., www.rope-island.de)*. Ganz umsonst dürfen Könner sich an der Hohenzollernbrücke versuchen, die Strecken werden vom *Deutschen Alpenverein* betrieben *(www.dav-koeln.de)*.

▶▶ KAFFEE, WEIN UND BIER

Riechen, schmecken, probieren

Die Stunde der Sommeliers ist gekommen. Die Rheinländer beschränken sich nicht nur auf Weinsommeliers, sondern erweitern das Repertoire durch Bier und Kaffee. Bei *Cöllenarium* stehen Bierseminare und Menübegleitung mit dem Kölner Biersommelier Andree Vrana auf dem Programm *(Tel. 0177/342 82 91, www.coellenarium.de)*. Michael Gliss ist Deutschlands erster diplomierter Kaffeesommelier. In seinen Genießerseminaren erfährt man alles über Kaffeebohne, Espresso, Latte Macchiato und Co. Tipp: unbedingt in seinem Laden *Caffee Contor* vorbeischauen *(St.-Apern-Straße 14–18, www.gliss.de,* Foto*)*.Die Sommelière Christina Fischer von *Fischers Weingenuss und Tafelfreuden* zeigt Weinfans beste Kombinationen aus Food und Wein *(Hohenstaufenring 53, www.fischers-wein.info)*.

KONZEPT IST TRUMPF

Locations mit dem gewissen Etwas

Die Kölner Gastronome lassen sich was einfallen: Sie begeistern die Szene mit innovativen Konzepten, die sie bis ins Details durchziehen. Die *Wohngemeinschaft* ist Kölns neue Top-Adresse für Nachtschwärmer. Wie in einer richtigen WG sind die vier Zimmer der fiktiven Bewohner völlig anders und originell eingerichtet: mit Blümchentapete, Matratzenlager, Tischtennisplatte oder mit einem ausrangierten VW-Bus. Longdrinks und Musik vom DJ-Pult machen die WG-Party komplett *(Richard-Wagner-Str. 39, www.die-wohngemeinschaft.net)*. Ganz adelig geht es dagegen bei *Royal Cupcakes* zu: Im barocken Interieur lassen sich Naschkatzen zuckersüße Cupcakes mit königlichen Namen von Sissi bis Dornröschen schmecken *(Alte Wallgasse 5, www.royalcupcakes.de)*. Thema der *Ucon Lodge* ist das Wasser in all seinen Aggregatszuständen: puristisch-weißes Ambiente mit Eskimobild, ionisierte Luft sowie Trinkwasser und Eiswürfel aus energetisiertem Wassser *(Von-Werth-Str. 48-50, www.ucon-lodge.de*, Foto*)*.

FAIR FASHION

Mode mit Gewissen

Modisch und noch dazu ökologisch korrekt – geht das? Und wie! Kölns Jungdesigner entwerfen Ökomode mit Stil. Das Label *armedangels* hat schon international von sich reden gemacht. Streetartmotive zieren die Jacken, T-Shirts und Sweatshirts, die aus ökologischer, fair gehandelter Baumwolle hergestellt werden *(Bismarckstr. 30, www.armedangels.com*, Foto*)*. Claudia Lanius kreiert elegante Mode aus Materialien, die frei von Weichmachern, schädlichen Farbstoffen und Chlor sind *(Apostelnstr. 6, www.lanius-koeln.de)*. Bei *Vielfach* präsentieren Nachwuchsdesigner ihre Entwürfe, die attraktives Design mit fairen Herstellungsbedingungen verbinden *(Mauenheimer Str. 19)*. Auch beim ökologischen Friseursalon *Ecoist* gibt's coole Fair-Trade-Textilien *(Elsaßstr. 15, www.ecoist-friseure.de)*.

ROCK AM RHEIN

Der Mix macht's

„Rock +" lautet das neue Motto auf Kölns Bühnen. Rock plus Pop und Punk verbinden die vier Jungs von *Mofa (www.myspace.com/mofamusic,* Foto*)*. Bei *Kent Coda* trifft türkischer Gesang auf westliche Indie-Rock-Sounds *(www.myspace.com/kentcoda)*. Vielversprechende Newcomer und bekannte Liveacts stehen mehrmals pro Woche im *MTC* auf der Bühne *(Zülpicher Str. 10, www.mtcclub.de)*. Auch das *Luxor* beeindruckt mit abwechslungsreichen Performances von Rockbands *(Luxemburger Str. 40, www.luxor-koeln.de)*.

NEUES VIERTEL

Der Rheinauhafen kommt

Auf einem ehemaligen Güterumschlagplatz ganz in der Nähe der City entsteht ein neues Viertel: Der Rheinauhafen verbindet Hafencharakter mit spektakulärer Architektur, beispielsweise den sogenannten Kranhäusern (Foto). Direkt am Wasser entstehen Wohnungen und Büros und immer mehr Galerien und Restaurant eröffnen *(www.rheinauhafen-koeln.de)*. Die neuen Szenetreffs sind die *Kameha Suite Köln (Im Zollhafen 2–4, www.kameha-suite.com)* und das Restaurant *Kap am Südkai (Agrippinawerft 30, www.kapamsuedkai.de)*. Kunstfans kommen in der Galerie *Werft 11* bei wechselnden Ausstellungen auf ihre Kosten *(Anna-Schneider-Steig 11, www.werft11.com)*. Ebenfalls beliebt:die *EA Sports Bar (Im Zollhafen 17, www.easports-bar.de)*.

KÖLN TANZT TANGO

Heiße Rhythmen

Let's Tango! Der *Don Tango Club e.V.* zeigt in Workshops, wie's geht und organisiert Auftritte und Konzerte *(www.tango-club-koeln.de)*. Jeden Freitag ab 22 Uhr lädt die *Alte Feuerwache* zum Tanz *(Melchiorstr. 3)*. Heiß geht es auch bei der Tanzmatinee *Milonga 24* her: Jeden 1. und 3. Sonntag im Monat heißt es ab 15.30 Uhr rauf auf die Tanzfläche *(im Zeughaus 24, Zeughausstr. 24, www.milonga24.de)*. Im Sommer trifft man sich dienstags ab 21 Uhr zum Open Air Tango im Rheinpark *(Auenweg / Halle 8,* Foto*)*. Aktuelle Infos und Termine der Kölner Tangoszene gibt's unter *www.tango-koeln.de*.

> ÄHZEBÄR UND BLÄCK FÖÖSS

Aus Opposition zum Schunkelwalzer entstanden Stunksitzung und Mundartbands

ALTERNATIVER KARNEVAL

Im Mittelalter stellten die Narren die strenge Feudalordnung symbolisch auf den Kopf und nahmen sich alle möglichen Freiheiten heraus. Die Funken und Garden des 19. Jhs. veralberten mit Ordensverleihungen die Preußen und deren Militarismus. Später ging dieser anarchisch-subversive Charakter im Bürgerkarneval allerdings fast völlig verloren. Anders feierten jedoch schon um 1930 die Künstler mit ihren Lumpen- und Scheunenbällen: Dort erschien man nicht im Frack wie bei den Sitzungen der etablierten Bürgergesellschaften, sondern im Lumpenkostüm. Aus diesem Künstlerkarneval bildeten sich die *Ahl Säu* (Alte Säue), die inoffiziell dem Rosenmontagszug voranmarschieren. Statt müder Witze böse

STICH WORTE

satirische Attacken auf die Obrigkeit und den offiziellen *Fastelovend:* Das ist seit 1984 das Prinzip der alternativen *Stunksitzung.* Deren Bissigkeit hat bei vielen Jüngeren erst die Begeisterung für die fünfte Jahreszeit geweckt. Alle 40 Vorstellungen sind schon Wochen vorher ausverkauft! Dadurch ließen sich auch andere zu alternativen Sitzungen inspirieren: Der Verein „Humba e. V." veranstaltet eine Party mit Sambabands, der Kabarettist Jürgen Becker ist Mitgestalter der „Ziegenbartsitzung" für Kinder.

Auch der Straßenkarneval erfährt eine Bereicherung durch die Alternativszene. Ein Wintergeist, in hochdeutscher Übersetzung mit Namen Erbsenbär, ist Maskottchen des Vereins *Ähzebär und Co,* der am Karnevalssamstag bei Einbruch der Dunkelheit den Geisterzug durch die Stadt ziehen lässt. Gegen Mitternacht verbrennt man den Ähzebär.

COMEDY

Die Stunksitzung erweist sich immer wieder als Sprungbrett für eine Kabarett- oder Comedykarriere. Der Ex-Stunker Jürgen Becker präsentiert etwa im WDR-Fernsehen die „Mitternachtsspitzen". Wilfried Schmickler, der

Eine Adresse wurde Markenzeichen: Glockengasse 4711

mit Becker in der Alternativ-Truppe „3Gestirn" auftrat, ist Träger des „Deutschen Kleinkunstpreises 2009".

Der Comedy-Nachwuchs tritt zwar nach wie vor auf den beiden Festivals „Köln Comedy Cup" (Juli) und „Köln Comedy Festival" (Oktober) auf, doch heute gelingt nur wenigen der Sprung ins TV-Geschäft. Nach Abflauen des Comedybooms drängen die Kabarettisten wieder mehr ins Rampenlicht: Aus dem benachbarten Bonn reisen Norbert Alich und Rainer Pause regelmäßig zu Auftritten im Kölner „Senftöpfchen" an, und im WDR haben sie eine eigene Sendung („Fritz und Hermann"). Pause tritt auch gelegentlich zusammen mit Martin Stankowski in Kölner Beerdigungsinstituten auf und erläutert dort auf humorige Weise lokale Begräbniskulte („Tod im Rheinland").

EAU DE COLOGNE

1794 ließ ein französischer Besatzungsgeneral alle Gebäude durchnummerieren. Das Haus von Wilhelm Mülhens in der Glockengasse bekam die Nummer 4711. Eine Hausnummer, die übrigens heute noch gilt! Betreten Sie ruhig den Laden und erfrischen Sie sich am Kölnisch-Wasser-Brunnen. Das Destillat aus Alkohol und Blütenölen wurde bereits 1709 in Köln hergestellt, 1792 bekam Wilhelm Mülhens das Geheimrezept als Hochzeitsgeschenk überreicht. Die Essenz galt ursprünglich als Wunderwasser, das gegen Kopfschmerzen, Herzrasen und sogar die Pest helfen sollte. Als Napoleon 1810 eine Offenlegung aller Arzneirezepturen einforderte, konnte Mülhens das Geheimnis allerdings nur wahren, indem er die Mixtur als Duftwasser zu Erfrischungszwecken anbot.

KÖLSCH-ROCK

Die Stowaways waren Ende der 1960er-Jahre eine der unzähligen Kölner Beatbands mit englischen Texten. 1970 begann sich die Gruppe Bläck Fööss (nackte Füße) zu nennen und bot fortan ihre Songs auf kölsch dar. Mit ihren Rhythmen revolutionierten sie den Karneval, dessen musikalisches Repertoire bis dahin nur aus Schunkelwalzer und Klatschmarsch bestanden hatte. Nach seinem Ausstieg bei den Bläck Fööss gründete Tommy Engel 1992 mit Arno Steffen und Rolf Lammers das Trio LSE.

Als kölscher Tom Waits gilt Gerd Köster. Die Band Brings konnte 2001 mit „Supergeile Zick" (Zick = Zeit) ihren bisher größten Erfolg verbuchen. Der Schlagzeuger Christian Blüm hat übrigens einen bekannten Vater: den Minister a.D. Norbert Blüm. Bundesweit bekannt wurde der kölsche Rock jedoch vor allem durch Wolfgang Niedecken und seine Band BAP. Anfang der 1980er-Jahre setzten sie der neuen deutschen Welle in schnörkellosem Rocksound ihr „Verdamp lang her" entgegen. BAP ist übrigens eine phonetische Variante des rheinischen *Pap* für Papa. Von der Urformation ist nur noch Wolfgang Niedecken dabei. Seine politisch-kritischen Texte sind allerdings noch immer höchst aktuell.

MEDIENSTADT KÖLN

Die Kölner Kunsthochschule für Medien ist einzigartig in Deutschland, und fast ein Drittel des ARD-Programms kommt aus den WDR-Studios: die Kölner „Tatort"-Folgen oder der Seriendauerläufer „Lindenstraße", dessen Handlung in München spielt. Auch manche Krimiszenen mit Münsteraner Ermittlern werden auf Kölner Straßen gedreht.

RTL hält mit Soaps und Serien dagegen, ebenso Vox, Super RTL und der Nachrichtenkanal Phoenix. Aus hiesigen Studios erfreut Stefan Raab seine „TV Total"-Fangemeinde auf Pro 7. Im Durchschnitt drehen an jedem Wochentag zwei TV-Teams auf Kölner Straßen – nicht immer zur Freude der Anwohner, die tagelang auf ihre Parkplätze verzichten müssen.

HÖHEPUNKT IST DER KARNEVAL

Photokina, Marathon und Prozession – der Kölner Veranstaltungskalender ist prall gefüllt

> Im Jahr 1400 gab es in Köln 110 Sonn- und Feiertage pro Jahr. Sie boten den Bürgern reichlich Anlässe, ihren Ruf als sinnenfroher Menschenschlag zu begründen und zu festigen. Höhepunkt ist auch heute noch der Karneval. Der Straßenkarneval an Weiberfastnacht (Donnerstag vor Rosenmontag) beginnt Punkt 11.11 Uhr auf dem Alten Markt. Wollen Sie an den tollen Tagen in Ruhe shoppen – vergessen Sie's. Überall dröhnen Ihnen die Stimmungshits entgegen, bis am Dienstag Punkt 24 Uhr vor den Kneipen eine Strohpuppe *(Nubbel)* verbrannt wird.

FEIERTAGE

1. Jan., *Karfreitag, Ostermontag,* **1. Mai,** *Christi Himmelfahrt, Pfingstmontag, Fronleichnam,* **3. Okt.** *(Tag der Deutschen Einheit),* **1. Nov.** *(Allerheiligen),* **25. und 26. Dez.**

VERANSTALTUNGEN

Januar

Insider Tipp: Volkssitzung der KG Alt Köllen in einem Zelt auf dem Neumarkt Mitte Januar. So bunt ist sonst kaum eine Kostümsitzung *(www.alt-koellen.de)*. Alternativ-kabarettistisch geht es auf der Stunksitzung zu. *www.stunksitzung.de* Insider Tipp

Februar

Straßenkarneval: Die größten Umzüge sind die *Schull- un Veedelszöch* am Karnevalssonntag in der Innenstadt und der Rosenmontagszug.

März

Lit.Cologne: Lesungen und Rezitationen im Literaturhaus im Mediapark, in Buchhandlungen, Theatern, Kleinkunstbühnen und Kneipen. *www.litcologne.de*

April

★ *Art Cologne:* 180 Galerien zeigen moderne Kunst in der Koelnmesse. *Infos: 82 10, www.artcologne.de*

Mai

Hänneschen-Kirmes: Schminkaktion für Kinder, dazu Karnevalbands auf dem Eisenmarkt. *www.haenneschen.de*

Aktuelle Events weltweit auf www.marcopolo.de/events

> EVENTS
FESTE & MEHR

Juni

Mülheimer Gottestracht: An Fronleichnam fährt eine Prozessionsflotte von Mülheim auf dem Rhein Richtung Dom.

sider ipp *Edelweißpiratenfestival:* An einem Sonntag Mitte Juni großes Live-Musikfestival im Friedenspark mit Reggae, Folk, Kölsch-Rock etc. *www.edelweisspiratenfestival.de*

Juli

★ *Sommer Köln:* Openairkonzerte, Theater, Filme, Kinderprogramm. Orte und Termine: *www.sommerkoeln.de*

Christopher Street Day: Bunt-schrille Parade der Lesben und Schwulen

Kölner Lichter: Großes Feuerwerk und Tanzbrunnen auf dem Rhein. Nächste Termine: 9. Juli 2011, 14. Juli 2012. *www.koelner-lichter.de*

August

c/o pop: Das Festival für elektronische Musik findet fünf Tage lang in diversen Kölner Clubs statt. *www.c-o-pop.de*

September

In Jahren mit gerader Zahl Digital- und Projektionstechnik auf der *Photokina*, bei ungeraden Jahreszahlen *Fahrrad- und Motorradmesse IFMA (Tel. 82 10).*

Oktober

Rennbahn Weidenpescher Park: Zu den Höhepunkten der Galoppsaison zählt der „Preis des Winterfavoriten". *www.koeln-galopp.de*

Internationales Köln Comedy Festival: 120 Veranstaltungen voller Spaß. *www.koeln-comedy.de*

November

Elfter im Elften: Eröffnung der Karnevalssession auf dem Heumarkt/Alter Markt.

Dezember

Weihnachtsmarktbuden auf dem Neumarkt, Roncalliplatz, Alter Markt und am Rudolfplatz.

Silvester: Den schönsten Blick aufs Feuerwerk haben Sie von der Deutzer Brücke aus.

> ZWISCHEN RÖMERTURM UND SEVERINSVIERTEL ...

... mischen sich an jeder Ecke Geschichte und Gegenwart, Hochkultur und Volkstümliches

> Der Dom und die romanischen Kirchen als Weltkulturerbe, die Museen und das Rheinpanorama: Das sind in der offiziellen Besucherstatistik die touristischen Highlights von Köln. Und natürlich der Karneval – der Rosenmontagszug lockt bis zu 1,5 Mio. Zuschauer in ausgelassener Stimmung an den Straßenrand.

Die meisten Sehenswürdigkeiten liegen in den Vierteln des Zentrums und sind bequem zu Fuß zu erreichen. Bei Kriegsende 1945 war die Kölner Innenstadt zu 90 Prozent zerstört. Die originalgetreue Rekonstruktion der romanischen Kirchen und des Rathausturms dauerte bis in die 1980er-Jahre. Die Turm-Fassade zieren 124 Figuren aus der Kölner Stadtgeschichte von der Römerzeit bis heute.

Neben der Altstadt existiert natürlich auch noch das moderne Köln: Nach 1980 entstand der „Dom/Rhein-Komplex" mit dem Museum Ludwig

Bild: Biergarten vor dem Stapelhaus in Groß St. Martin

SEHENSWERTES

und dem Rheingarten. Am westlichen Rand der Innenstadt wurde nach 1990 der Mediapark errichtet, und in unseren Tagen bekommt der alte Rheinauhafen ein neues Gesicht. Doch zwischen Eigelstein- und Severinstor stoßen Sie gleichzeitig an jeder Ecke immer wieder auf die Vergangenheit, nämlich auf Zeugnisse aus 2000 Jahren: römische Ausgrabungen, Spuren des Mittelalters und aus der Frühzeit der Industriekultur.

Es sind Zeugnisse eines stolzen und selbstbewussten Bürgersinns, dem die Kölner auch ihre Museen verdanken: Seit der Kanonikus Ferdinand Franz Wallraf (1748–1824) so manches an Kirchenschätzen rettete, was sonst um 1800 in der Zeit der napoleonischen Säkularisierung vernichtet worden wäre, haben Kölner Bürger immer wieder Kunstsammlungen zusammengetragen und der Öffentlichkeit gestiftet.

KÖLN IM ÜBERBLICK

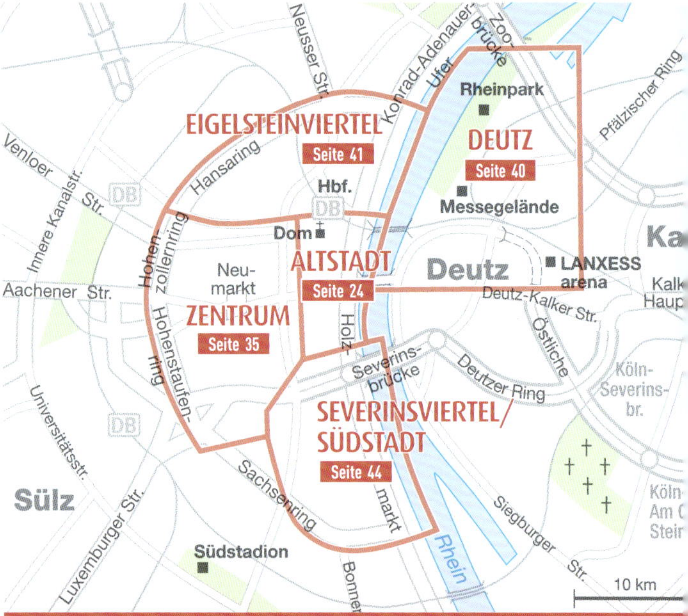

Die Karte zeigt die Einteilung der interessantesten Stadtviertel. Bei jedem Viertel finden Sie eine Detailkarte, in der alle beschriebenen Sehenswürdigkeiten mit einer Nummer verzeichnet sind

ALTSTADT

> Im Zweiten Weltkrieg wurde das Viertel rund um Groß St. Martin restlos zerstört. Originalgetreu verlief der Wiederaufbau nicht: Die winkligen Altstadtgassen waren nämlich bereits in den 1930er-Jahren gründlich saniert worden. In den Siebzigern förderten die Stadtoberen die Entwicklung zum Kneipenviertel – als Pendant zur Düsseldorfer Altstadt mit ihrer angeblich „längsten Theke der Welt“.

1 ALTER MARKT [111 E3]

Trotz des U-Bahn-Baus haben Sie von den Café-Terrassen aus einen schönen Ausblick auf das Rathaus, den Jan-von-Werth-Brunnen und die „Hüsjer bunt om Aldermaat“ (Häuschen bunt am Alter Markt), wie sie in einem volkstümlichen Schlager besungen werden. Unter der Dachrinne des Hauses Nr. 24 streckt Ihnen die Figur des „Kallendressers“ (Dachrinnenscheißer) das nackte Gesäß entgegen. Der Kabarettist Jürgen Becker versichert aber, bei der Verrichtung der Notdurft schone der Kallendresser die Teller der Touristen.

Der Jan-von-Werth-Brunnen geht auf eine Sage zurück: Jan von Werth war ein Bauernbursche, der der Magd Griet nicht fein genug war. Als er am Ende des Dreißigjährigen Krieges als stolzer Reitergeneral in seine Heimatstadt zurückkam, saß Griet als Blumenfrau am Stadttor und musste nun bedauern, ihn nicht geheiratet zu haben. Der Brunnen stammt aus dem Jahre 1884. *Bahnen und Busse: Dom/Hbf. oder Heumarkt*

2 DOM ★ [111 E2]

Die Legenden um St. Gereon und St. Ursula begründeten im frühen Mittelalter den Ruf des „hillige Kölle" (heiliges Köln) als Pilgermetropole. 1164 gelangten aus Mailand die Ge-

MARCO POLO HIGHLIGHTS

★ Dom
Kölns eindrucksvolles Wahrzeichen wurde längst in den Status eines Weltkulturerbes erhoben (Seite 25)

★ Fischmarkt
Schöner Platz mit alten Giebelhäusern und gemütlichen Biergärten (Seite 29)

★ Museum Ludwig
Drittgrößte Picasso-Sammlung der Welt (Seite 30)

★ Rathaus
Spätgotischer Turm und Renaissancefassade – Stein gewordener Ausdruck stolzen Bürgertums (Seite 32)

★ Römisch-Germanisches Museum
Streifzug durch den Alltag im antiken Köln (Seite 32)

★ St. Maria im Kapitol
Kurioses: Walrippe und Apfel-Madonna (Seite 33)

★ Wallraf-Richartz-Museum & Fondation Corboud
Malerei vom Mittelalter bis zum Impressionismus (Seite 34)

★ Museum für Angewandte Kunst
Möbel und Mode: Objekte zur Geschichte von Design und Kunsthandwerk (Seite 37)

★ Eigelsteintorburg
Das nördliche Stadttor ist ein steinernes Zeugnis der bewegten Geschichte Kölns (Seite 42)

★ St. Ursula
Die Gebeinkammer ist heute ein geradzu gruseliger Ort des mittelalterlichen Reliquienkults (Seite 43)

★ Deutsches Sport- und Olympiamuseum
Erinnerungsstücke von Sportstars – vom Tennisschläger Boris Beckers bis hin zu Michael Schumachers rennfahrer -tauglichen Schuhen (Seite 46)

★ Museum für Ostasiatische Kunst
Buddha-Figuren und Grafiken aus Asien, dazu der einzigartige Weltenwächter aus der Han-Zeit (Seite 48)

★ Photografische Sammlung der SK Stiftung Kultur
Nicht nur für Hobby-Kamerakünstler: Highlights der Fotokunst (Seite 49)

★ Skulpturenpark
Open-Air-Plastiken von zeitgenössischen Künstlern (Seite 50)

★ Zoologischer Garten
Hier spüren Sie das Dschungelfieber: Besondere Attraktionen sind Tropenhaus und Elefantengehege (Seite 50)

beine der Heiligen Drei Könige nach Köln, für die man einen Schrein anfertigte. 1215 war dieses Meisterwerk mittelalterlicher Goldschmiedekunst vollendet, für das es dann natürlich auch einer angemessenen Kathedrale bedurfte. 1248 erfolgte die Grundsteinlegung. Meister Gerhard, der erste Dombaumeister, favorisierte den hochgotischen Stil französischer Krönungskirchen. Doch der Dom wurde nicht fertig – 1560 stellte man die Bauarbeiten ein, wegen der Pest und des wirtschaftlichen Niedergangs der Stadt.

Ausgerechnet die protestantischen Preußen vollendeten den Dom 1880. Sie vereinnahmten ihn politisch, indem sie ihn als nationales Kulturbollwerk feierten. Immerhin war der Dom zum Zeitpunkt seiner Fertigstellung das höchste Bauwerk der Welt.

Die bunten Glasfenster sollten das Kircheninnere in ein mystisches Licht tauchen und so eine vergeistigte Atmosphäre schaffen. Daher lösten die Baumeister die festen Wände in große Fensterflächen und in schlankes Maßwerk auf. Das moderne Glasfenster des Künstlers Gerhard Richter über dem Südportal enthält rund 11 500 farbige Glasquadrate, die am schönsten in der Mittagssonne leuchten. Dass Kardinal Meisner das Kunstwerk missfällt, kommentiert ein Karnevalswitz: „Wenn der Meisner in Pension geht, freut sich der Gerhard Richter. Dann ist der Kardinal nämlich weg vom Fenster". Die Gnadenmadonna vor dem Dreikönigenaltar im nördlichen Querschiff wird wegen der aufgenähten Votivgaben von dankbaren Gläubigen auch „Schmuckmadonna" ge-

Insider Tip

Gottesdienst im lichten Innenraum des Kölner Doms

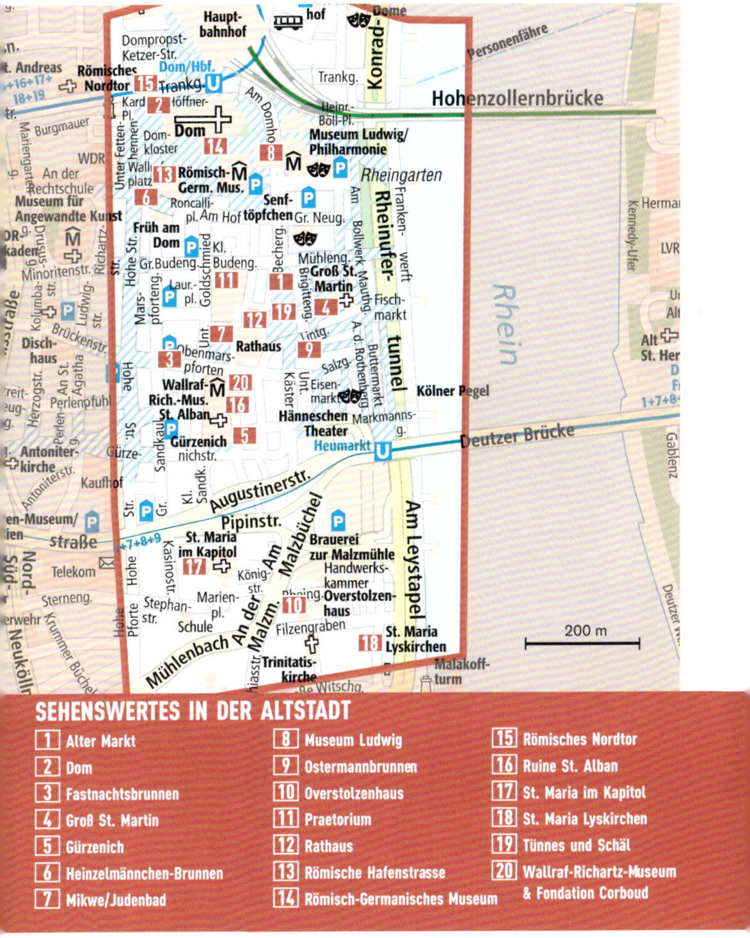

SEHENSWERTES IN DER ALTSTADT

1 Alter Markt
2 Dom
3 Fastnachtsbrunnen
4 Groß St. Martin
5 Gürzenich
6 Heinzelmännchen-Brunnen
7 Mikwe/Judenbad
8 Museum Ludwig
9 Ostermannbrunnen
10 Overstolzenhaus
11 Praetorium
12 Rathaus
13 Römische Hafenstrasse
14 Römisch-Germanisches Museum
15 Römisches Nordtor
16 Ruine St. Alban
17 St. Maria im Kapitol
18 St. Maria Lyskirchen
19 Tünnes und Schäl
20 Wallraf-Richartz-Museum & Fondation Corboud

nannt. Die hölzerne Kanzel hinter einem der Vierungspfeiler stammt aus dem Jahre 1544; sie ist die älteste in Köln. In der Vierung steht auch der Thronsitz des Erzbischofs.

Das Gero-Kreuz (um 976) an der Nordseite des Chorumgangs ist eine der ältesten erhaltenen Großplastiken des Mittelalters. Am Ende des Chorumgangs steht der Altar der Stadtpatrone St. Ursula und St. Gereon. Das Altarbild hatte Stefan Lochner ursprünglich für die Ratskapelle gemalt. *Tgl. 6–19.30 Uhr | Führungen Mo–Sa 11, 12.30, 14, 15.30, So 14, 15.30 Uhr | Preis 5 Euro | Multivision im*

Cinema-Domforum (gegenüber Westportal): Mo–Sa 12, 13.30, 15, 16.30, So 15, 16.30 Uhr | Eintritt 2 Euro | www.koelner-dom.de | Bahnen und Busse: Dom/Hbf.

Etwa eine halbe Stunde dauert es, bis Sie den Aufstieg auf den Domturm mit 509 Stufen bewältigt haben. Im eisernen Glockenstuhl können Sie dann verschnaufen und die schwere Petersglocke bewundern, im Volksmund „dä decke Pitter" genannt. Als sie 1923 in Apolda gegossen wurde, war sie mit 24 t die größte läutbare Glocke der Welt. *März, April, Okt. tgl. 9–17, Mai–Sept. tgl. 9–18, Nov.–Feb. tgl. 9–16 Uhr | Domkloster 4 | Eintritt 2 Euro*

Kunst im Alltag: auf der Domplatte herrscht das urbane Leben

Rings um den Dom wurde 1969 nach Plänen des Architekten Fritz Schaller die Domplatte angelegt. Vor dem Haupteingang des Domes und auf dem Roncalliplatz an der Südseite der Kathedrale entfaltet sich urbanes Leben: Gaukler, Pflastermaler und der Berufsdemonstrant Walter Hermann buhlen um die Aufmerksamkeit des Publikums. Die Skater will die Stadtverwaltung allerdings demnächst von dem Platz verbannen. An der Ostseite indessen mündet die Domplatte in eine düstere und verdreckte Betonorgie. Seit Jahren diskutiert man über deren Abriss, und selbst der Architekt Schaller äußerte in späteren Jahren Selbstkritik über diesen Teil seines Werks.

3 FASTNACHTSBRUNNEN [111 E3]

Goethe erlebte 1825 den Kölner Karneval und warnte vor allzu großen Ausschweifungen: „Löblich ist ein tolles Streben, wenn es kurz ist und mit Sinn …". Diese Inschrift ziert Georg Grasseggers Brunnen (1913) neben Figuren aus Kölns Folklore: Dazu zählen die Roten Funken als Stadtsoldaten und die „Hillige Mägde un Knäächte" (heilige Mägde und Knechte). Sie sind die älteste Tanzgruppe im Karneval. Außerdem sehen Sie eine Figur im „Kluten"-Kostüm, der früheren Tracht der Arbeiter am Rheinhafen. *Gülichplatz | www.karneval.de | Bahnen und Busse: Heumarkt*

4 GROSS ST. MARTIN [111 E-F3]

Auf den Fundamenten römischer Speicherhallen wurde diese Basilika errichtet. Der 1172 geweihte Bau entstand nach einem Brand, der Turm wurde erst 1200 vollendet und war bis zur Fertigstellung des Domes das Wahrzeichen der Stadt. *Di–Fr 10–12 u. 15–17, Sa 10–12.30 u. 13.30–17, So 14–16 Uhr | www.romanische-kirchen-koeln.de | Groß St. Martin 9 | Bahnen und Busse: Dom/Hbf.*

Nach dem Kirchenbesuch können Sie ein paar Schritte weiter in den Biergärten am ★ *Fischmarkt* die Seele baumeln lassen. Zwischen Groß. St. Martin und Rheingarten liegt das langgestreckte *Stapelhaus:* Im Mittelalter mussten alle Rheinschiffer drei Tage lang vor Köln ankern und ihre Waren im Stapelhaus anbieten. Damit kontrollierten die Kölner Kaufleute den Rheinhandel und sicherten sich in der Historie so manches Monopol. *Bahnen und Busse: Heumarkt*

5 GÜRZENICH [111 E3–4]

Die mittelalterlichen Kaiser wurden im 70 km entfernten Aachen gekrönt und machten oft in Köln Station. Zu ihrem Empfang benötigte man ein prächtiges Festhaus, und so beschloss der Rat 1437 den Bau eines Bankett- und Tanzsaals für 4000 Gäste. Die Baukosten lagen bei 80000 Gulden. Später diente der Bau als Waren- und Lagerhaus. Erst seit dem 19. Jh. wird er wieder als Konzert- und Ballhaus genutzt. *Martinstr. 29–31/Quatermarkt | U 1, 2, 7, 9: Heumarkt*

6 HEINZELMÄNNCHEN-BRUNNEN [111 E2]

Der Brunnen erinnert an das Märchen von August Kopisch (1836). Es beschreibt, wie die fleißigen Zwerge den faulen und schlafenden Kölnern die Arbeit abnahmen. Doch eine neugie-

> ENTSPANNEN & GENIESSEN

Baden, Saunieren und Fitness im Agrippabad

Hier kommen alle auf ihre Kosten: Die Kinder toben sich an der 130 m langen Röhrenrutsche aus, während die Eltern in der Saunalandschaft oder im Biergarten relaxen. Die Liegewiese im Außenbereich und ein Restaurant runden das Angebot ab. [110 C5] *Badelandschaft 6.30–22.30, Sa/So 9–21 Uhr, Saunalandschaft Mo–Fr 9–23, Sa/So 9–21 Uhr, Fitnessbereich Mo–Fr 6.30–22, Sa/So 10–20 Uhr | Badebereich 5 Euro/2 Std., Sauna 13,50 Euro/2 Std. | Kämmergasse 1 | Tel. 279 17 30 | www.koelnbaeder.de | Bahnen und Busse: Neumarkt*

rige Schneidersfrau streute Erbsen auf die Treppe, um die Heinzelmännchen endlich einmal zu sehen. Nachdem sie unter lautem Wehklagen die Treppe hinuntergepurzelt waren, verschwanden sie für immer. In der Symbolik des Märchens repräsentieren die schlafenden Kölner die mittelalterliche Stadt und deren jahrhundertelanges Verharren in den alten Strukturen, die bis 1794 gültig blieben. Erst die napoleonischen Besatzer verpassten Köln um 1800 eine moderne Verwaltung, und die Schneidersfrau stößt ihre Mitbürger in ein neues, modernes Zeitalter der Betriebsamkeit und wirtschaftlichen Prosperität hinein. *Am Hof | Bahnen und Busse: Dom/Hbf.*

Im Museum Ludwig beeindruckt nicht nur die große Picasso-Sammlung

7 MIKWE/JUDENBAD [111 E3]

Seit dem 4. Jh. gibt es eine jüdische Gemeinde in Köln – die älteste nördlich der Alpen. Im Mittelalter lebten die Juden im heutigen Rathausviertel. Auf dem Platz sehen Sie unter der Glaskuppel die Reste des Kultbades Mikwe (um 1150). Der Wasserstand war vom Pegel des Rheins abhängig. *Schlüssel nach vorheriger Reservierung Di–So 10–17 Uhr im Praetorium abholen, Ausleihe für 45 Min. | Unter Goldschmied | Bahnen und Busse: Dom/Hbf.*

8 MUSEUM LUDWIG ★ [111 E2]

Das Museum Ludwig gilt als das „Flaggschiff" unter den Kölner Museen. Es beherbergt den gesamten städtischen Kunstbesitz aus dem 20. und 21. Jh. Das Sammlerehepaar Irene und Peter Ludwig überließ der Stadt Köln schon 1968 seine Sammlung mit Werken der Pop Art. Später holte Peter Ludwig auch kaum bekannte Werke der russischen Avantgarde an den Rhein – sie waren seit Stalins Zeiten ins Depot verbannt. In seinen letzten Lebensjahren spürte Ludwig (er starb 1996) in China und Kuba Arbeiten auf, in denen sich die Idee einer „Globalkunst“ zeigt – Ausdruck des gleichen Lebensgefühls junger Künstlergenerationen in Havanna, Shanghai, Berlin, New York.

Diesem Sammlungsprogramm folgt auch heute die Präsentation der ständigen Ausstellung. Dank einer großzügigen Schenkung der Witwe Irene Ludwig 2001 verfügt das Museum außerdem heute über die drittgrößte Picasso-Sammlung der Welt. In den Projektsälen A/C und D/C mit aktuellen Wechselausstellungen von Künstlern der Gegenwart lohnt auch ein Blick in die Expressionisten-Abteilung mit Ernst Ludwig Kirchner, Max Beckmann u.a., ebenso eine Betrachtung der Werke aus der Epoche von Fluxus und Nouveau Réalisme um 1960 (Arman, Yves Klein, Daniel Spoerri u.a.). *Di–So 10–18 Uhr, jeder 1. Do im Monat bis 22 Uhr | Heinrich-Böll-Platz | Eintritt 9 Euro | www.museum-ludwig.de | Bahnen und Busse: Dom/Hbf.*

9 OSTERMANNBRUNNEN [111 E3]

Willi Ostermann (1876–1936) schrieb Karnevalsschlager wie „Ich mööch ze Foß noh Kölle jon“ oder „Däm Schmitz sing Frau es durchjebrannt“, die bis heute populär sind. Das Brunnendenkmal (1938) zeigt Figuren aus seinen Liedern. *Ostermannplatz | Bahnen und Busse: Heumarkt*

10 OVERSTOLZENHAUS [111 E4] Insider Tipp

Mit seinem Stufengiebel ist es das einzige erhaltene Patrizierhaus im romanischen Stil. Das Haus der Weinhändlerfamilie Overstolz entstand um 1230 und sieht noch heute von außen prächtig aus. Doch im

Ostermannbrunnen mit Alltagsgeschichten über „Et Billa“ und „De Tant“

Inneren waren die hohen Räume früher ziemlich zugig und ungemütlich. *Rheingasse 8 | Busse 132, 133, U 1, 7, 9: Heumarkt*

11 PRAETORIUM [111 E3]

1953 errichtete man gegenüber dem Historischen Rathaus ein zweites Rathausgebäude, den „Spanischen Bau". Dabei fanden die Bauarbeiter die Palastanlage des römischen Statthalters, des Praetors. Die Ausgrabungen, darunter ein mannshoher Abwasserkanal, sind im Untergeschoss des Neubaus zu besichtigen. Die Sensation: Der Praetor hatte sich im kalten Germanien sogar eine Fußbodenheizung gegönnt! *Di–So 10–17 Uhr | Kleine Budengasse (Seiteneingang Spanischer Bau) | Eintritt 3,60 Euro*

>LOW BUDGET

- Zu den Konzerten der *Kölner Dommusik* am Dreikönigsschrein ist der Eintritt frei, ebenso zu den Orgelfeierstunden, die zwischen Juni und September jeden Dienstag um 20 Uhr im Dom stattfinden. Es wird am Ende des Konzerts lediglich eine Kollekte erhoben. *Infos: www.koelner-dommusik.de*
- Keinen Eintritt bezahlen müssen Sie beim Besuch des *Stattmuseums Köln-Sülz*. Der Künstlerverein Akt 1 e.V. organisiert hier Ausstellungen mit junger und frischer, aber durchaus schon museumswürdiger Kunst (daher der Name des „Museums"). *([116 C3] Do/Fr 15–19, Sa 12–15 Uhr | Gustavstr. 11 | Tel. 3100182 | www.koelnsalon-akteins.de | U 9 Lindenburg*

| Tel. 22122394 | www.museenkoeln.de | Bus 132: Rathaus | Bahnen und Busse: Dom/Hbf.

12 RATHAUS ★ [111 E3]

1414 war der 61 m hohe spätgotische Rathausturm fertig, und als Ausdruck eines selbstbewussten Bürgertums sollte er vor allem optisch mit den Kirchen der Umgebung konkurrieren. Als drastisches Sinnbild dieses stolzen Bürgersinns streckt an der Rückseite des Gebäudes der „Platzjabbeck" dem Betrachter die Zunge heraus. Die Rathauslaube im Renaissance-Stil stammt aus dem Jahr 1573. *Mo, Mi, Do 8–16, Di 8–18, Fr 8–12 Uhr | Rathausplatz | Bus 132: Rathaus | U-Bahnen: Dom/Hbf.*

13 RÖMISCHE HAFENSTRASSE [111 E2]

Die Römerstraße am Römisch-Germanischen Museumwurde mit originalen Pflastersteinen rekonstruiert. *Roncalliplatz Ostseite | Bahnen und Busse: Dom/Hbf.*

14 RÖMISCH-GERMANISCHES MUSEUM ★ [111 E2]

Das wertvollste Exponat des Museums ist das Dionysos-Mosaik. Es stammt aus dem Speisesaal einer römischen Villa des 4. Jhs. Beim Weltwirtschaftsgipfel 1999 tafelten die Mächtigen der Welt auf dem Kunstwerk, das von einer schweren Glasplatte geschützt wurde. Leider wurde das Mosaik durch Splitter schwer beschädigt, als 2007 bei einem Orkan ein abgerissener Holzbalken die Panzerglasscheibe des Museums durchbrach.

Ein anderes markantes Monument ist das Grabmal des römischen Veteranen Poblicius (um 40 n. Chr.). Nehmen Sie sich ruhig genügend Zeit zur Betrachtung der vielen interessanten archäologischen Fundstücke, die aus Kölns römischer Gründungzeit zu Tage gefördert wurden. *Di–So 10–17 Uhr | Roncalliplatz 4 | Eintritt 6 Euro | www.museenkoeln.de | Bahnen und Busse: Dom/Hbf.*

16 RUINE ST. ALBAN [111 E3–4]

Von einer der ältesten Pfarrkirchen sind seit 1945 nur noch Ruinen übrig. Mit der Kopie der Skulptur „Trauerndes Elternpaar" von Käthe Kollwitz (1931) im Innenhof ist die Ruine heute Gedenkstätte für die Toten der Weltkriege. *Quatermarkt 4 | U 1, 7, 8, 9: Heumarkt*

Reise in eine reiche Vergangenheit: Römisch-Germanisches Museum

15 RÖMISCHES NORDTOR [111 D2]

Am nördlichen Ende der heutigen Domplatte finden Sie die Reste des Römischen Nordtors, einem Teil der römischen Stadtmauer. Hier muss es wohl schon vor 2000 Jahren zugig gewesen sein, weswegen Heinrich Böll vermutete, die römischen Wachsoldaten hätten sich hier immer einen Schnupfen geholt. *Trankgasse/Domplatte | Bahnen und Busse: Dom/Hbf.*

17 ST. MARIA IM KAPITOL ★ [111 E4]

Bauliches Vorbild für das Gotteshaus ist die Geburtskirche in Bethlehem. Der 1065 geweihte Bau gilt wegen seines Dreikonchenchores und seiner Mischung aus Zentralbau und Langhausbasilika als einzigartig. Als Kuriosum finden sich hier Walrippen aus dem Pleistozän, im Volksmund „Zint Märjens Ripp" (St. Marias Rippen) genannt. *Tgl. 10–18 Uhr | Kasino-*

straße 6 | www.romanische-kirchen-koeln.de | Bahnen und Busse: Heumarkt

18 ST. MARIA LYSKIRCHEN [111 E5]

Ein Besuch der Kirche, die 984 zum ersten Mal urkundlich erwähnt wird, lohnt sich auf jeden Fall. Zum einen wegen der über 2 m hohen Holzfigur der Schiffermadonna (um 1420) und zum anderen wegen der wunderschönen Gewölbe und Wandmalereien mit biblischen Szenen. *Tgl. 10–18 Uhr | An Lyskirchen 8 | www.romanische-kirchen-koeln.de | Bahnen und Busse: Heumarkt*

19 TÜNNES UND SCHÄL [111 E3]

Im Auftrag des kölschen Originals Jupp Engels, der auch die benachbarte Schmitz-Säule stiftete, schuf der Bildhauer Ewald Mataré das Tünnes-und-Schäl-Denkmal. Die beiden Figuren, ursprünglich Charaktere aus dem Hänneschen-Theater, sind bis heute im Alltag mit ihren Witzen lebendig. *Brigittengässchen | Bahnen und Busse: Dom/Hbf.*

20 WALLRAF-RICHARTZ-MUSEUM & FONDATION CORBOUD ★ [111 E3]

Kunst vom Mittelalter bis zum Impressionismus am Ende des 19. Jhs. ist hier von Etage zu Etage nach Epochen geordnet. Prächtige Goldhintergründe haben etwa die Werke der gotischen Tafelmalerei, in der ausschließlich religiöse Motive festgehalten wurden. In der Abteilung der alt-niederländischen Malerei studieren Sie dann, wie ab dem 15. und 16. Jh. vermehrt weltliche Motive aufgegriffen werden: Stillleben mit glitzerndem Geschirr, Genrebilder mit Kneipen- und Marktszenen, Innenansichten holländischer Wohnstuben und – als besonderes Highlight – Rembrandts Selbstbildnis im Alter (um 1668).

Schräge Boutiquen und Szene-Bistros: Flanieren in der Ehrenstraße

Zu empfehlen ist nicht nur ein weiterer Stopp bei den Vertretern der Romantik und des biedermeierlichen Realismus im 19. Jh., zu denen Caspar David Friedrich, Josef Anton Koch, Ferdinand Georg Waldmüller und Carl Spitzweg gehören. Schauen Sie auch bei den dicht gehängten Werken der Impressionisten von Claude Monet bis Lovis Corinth u.a. vorbei. *Di, Mi, Fr 10–18 Uhr, Do 10–22 Uhr Sa/So 11–18 Uhr | Martinstr. 39 | Eintritt 10 Euro | www.museenkoeln.de | Bahnen und Busse: Dom/Hbf. oder Heumarkt*

ZENTRUM

> „Ich fahre in die Stadt" sagen die Alteingesessenen in Nippes und Ehrenfeld noch heute, wenn sie zum Einkaufen ins Stadtzentrum fahren. Unter „Zentrum" versteht man das mittelalterliche Köln zwischen Rhein und Ringen. Das Gebiet wird kreuzförmig durch zwei Achsen geteilt: Die römische Heerstraße von Bonn nach Neuss verläuft zwischen Eigelsteintor und Severinstor in der Richtung von Norden nach Süden. Hahnenstraße, Neumarkt und Schildergasse bilden die Ost-West-Achse. Auf der Schildergasse waren im Mittelalter die Schildermaler ansässig.

1 ANTONITERKIRCHE [111 D4]

Der gotische Bau von 1384 wurde auf Geheiß Napoleons I. 1802 den Protestanten überlassen, als erste evangelische Kirche Kölns. Eine besondere Sehenswürdigkeit ist in der nördlichen Seitennische Ernst Barlachs „Schwebender Engel" zum Gedenken an die Toten der Weltkriege. *Mo–Fr 11–19.30, Sa 11–17, So 9.30–19 Uhr | Schildergasse 57 | www.antonitercitykirche.de | Bahnen und Busse: Neumarkt*

2 EHRENSTRASSE ▶▶ [110 B3]

Zwar sind in letzter Zeit – wie in so vielen Städten – eine ganze Reihe von kleinen, schrägen Boutiquen neuen Läden mit dem Sortiment von großen Markenketten gewichen, aber dennoch gilt die Ehrenstraße mit ihren Szene-Bistros weiterhin als hip. Vor allem an Samstagen zelebrieren hier nicht nur Cabriolet-Besitzer gerne das „Sehen- und Gesehenwerden"-Ritual. *Bahnen und Busse: Neumarkt/Rudolfplatz/Friesenplatz*

3 EL-DE-HAUS [110 C2] Insider Tipp

Der Keller mit den Gefängniszellen ist einer der schrecklichsten Orte der Stadt: In der Nazizeit folterte die Gestapo hier Inhaftierte. Die Wandinschriften dokumentieren die Leiden der Insassen. Oben finden Wechselausstellungen über Köln in der Nazizeit statt. *Di, Mi, Fr 10–16 Uhr, Do 10–18 Uhr | Appellhofplatz 23–25 | Eintritt 3,60 Euro, kostenlose Führung jeden 1. Samstag im Monat 14 Uhr, weitere Führungen nach Voranmeldung Tel. 22126331 | www.ns-doc.de | Bahnen und Busse: Appellhofplatz*

4 FRIESENSTRASSE ▶▶ [110 B2]

Am Wochenende fallen zwar gerne Umlandtouristen aus dem Sauerland ins „Klein Köln" ein, doch in den vielen Cocktailbars geht's nach wie vor szenig zu. Und an lauen Sommerabenden amüsiert man sich auch gerne mitten auf der Straße. *Bahnen und Busse: Friesenplatz*

ZENTRUM

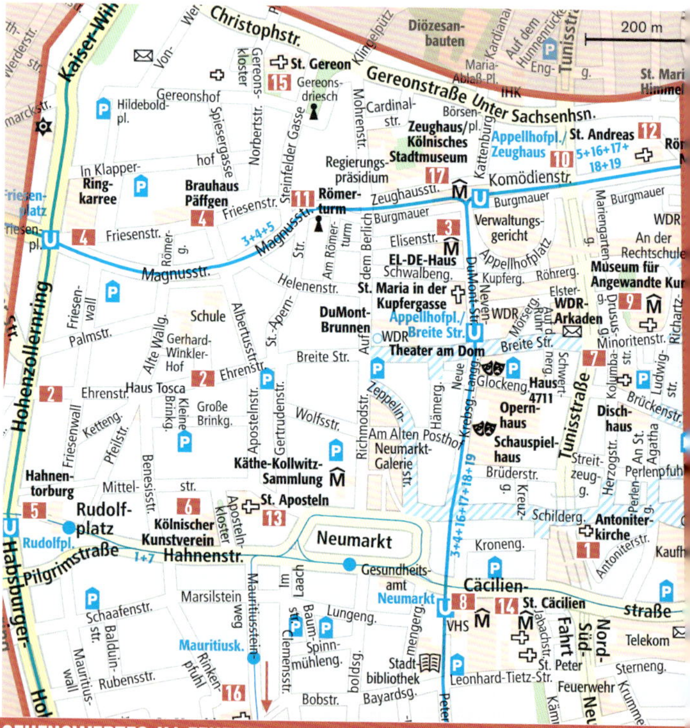

SEHENSWERTES IM ZENTRUM

1 Antoniterkirche
2 Ehrenstrasse
3 El-De-Haus
4 Friesenstrasse
5 Hahnentor
6 Kölnischer Kunstverein
7 Kolumba
8 Kulturzentrum J.-Haubrich-Hof
9 Museum für Angewandte Kunst
10 Römerbrunnen
11 Römerturm
12 St. Andreas
13 St. Aposteln
14 St. Cäcilien
15 St. Gereon
16 St. Pantaleon
17 Zeughaus/Kölnisches Stadtmuseum

5 HAHNENTOR [110 A4]

Neben Eigelstein- und Severinstor ist das Hahnentor, ein typisches Doppelturmtor, das dritte erhaltene mittelalterliche Stadttor. 1880 wurde es vom Abriss der Stadtmauer ausgenommen. *Rudolfplatz/An d'r Hahnepooz | Bahnen und Busse: Rudolfplatz*

6 KÖLNISCHER KUNSTVEREIN [110 B4]

In dem Ausstellungsraum mit großen Glasflächen an beiden Seiten inszenieren zumeist jüngere Künstler experimentelle Rauminstallationen. Oft wird auch ein Film-Beiprogramm im Kinosaal geboten. *Di–Fr 13–19, Sa, So 11–18 Uhr | Hahnenstr. 6 | Eintritt*

4 Euro | Tel. 21 70 21 | www.koelnischerkunstverein.de | Bahnen und Busse: Neumarkt

Insider Tipp

7 KOLUMBA [111 D3]

Das frühere Diözesanmuseum zeigt moderne und zeitgenössische Kunst. Die Dauerausstellung wird jährlich zum 14. September (Tag der Kreuzerhöhung) gewechselt. *Fr–Mi 11–17 Uhr | Kolumbastr. 2–4 | www.kolumba.de | Bahnen und Busse: Dom/Hbf.*

8 KULTURZENTRUM JOSEF-HAUBRICH-HOF [110 C4]

Im Herbst 2009 eröffnet das Zentrum mit Schnütgen-Museum, Rautenstrauch-Joest-Museum für Völkerkunde und der Kunsthalle. *Josef-Haubrich-Hof | Bahnen und Busse: Neumarkt*

9 MUSEUM FÜR ANGEWANDTE KUNST ★ [111 D2]

Eine gut präsentierte Sammlung mit Kunst und Design aus allen Epochen vom Mittelalter bis zur Gegenwart: Der Fundus umfasst u. a. Jugendstilporzellan und Hochzeitskleider aus den 1930er-Jahren, dazu kommen Möbel, Zinn und Fernsehapparate. *Di–So 11–17 Uhr, Führungen Mi 11 Uhr, Sa, So 14.30 | An der Rechtschule | Eintritt 4,20 Euro | www.museenkoeln.de | Bahnen und Busse: Dom/Hbf.*

10 RÖMERBRUNNEN [110–111 D2]

Franz Brantzky schuf 1915 diesen Brunnen mit der kapitolinischen Wölfin und Relieftafeln mit Motiven aus der römischen Geschichte. *Zwischen Burgmauer und Komödienstr. | Bahnen und Busse: Appellhofplatz*

11 RÖMERTURM [110 B–C2]

Der Eckturm der römischen Stadtmauer mit Mosaik aus Natursteinen ist etwa 50 n. Chr. entstanden. *St. Apernstr./Zeughausstr. | Bahnen und Busse: Appellhofplatz*

Das Dritte im Bunde der erhaltenen mittelalterlichen Stadttore: das Hahnentor

12 ST. ANDREAS [111 D2]

Ein staufischer Bau aus der Spätromanik um 1200, der gotische Chor wurde erst 1492 vollendet. In der Krypta ist der Naturwissenschaftler Albertus Magnus begraben. *Mo–Fr 7–19, Sa, So 8–19 Uhr | Komödienstr. 4–8 | www.romanische-kirchen-koeln.de | Bahnen und Busse: Dom/Hbf.*

Romanische Kirche mit römischem Mauerwerk: St. Gereon

13 ST. APOSTELN [110 B3–4]

Hochromanischer Bau (um 1030) mit 66 m hohem Turm. Den Anbau der Werktagskapelle von 1956 schmückt das Apostelnfenster des Bildhauers Ludwig Gies, der auch für den Bonner Bundestag die berühmte Bundesadler-Skulptur entworfen hat. *Mi–Mo 10–12 und 15–17 Uhr | Apostelnkloster 10 | www.romanische-kirchen-koeln.de | Bahnen und Busse: Neumarkt*

14 ST. CÄCILIEN [110–111 C–D4]

Im Lauf des Jahres 2009 findet der Umzug des Schnütgen-Museums aus St. Cäcilien in das benachbarte neue Kulturzentrumstatt. Öffnungszeiten vorübergehend im *Call-Center* unter *Tel. 221-0* erfragen. *Cäcilienstraße 29–33 | www.romanische-kirchen-koeln.de | Bahnen und Busse: Neumarkt*

Insider Tipp

15 ST. GEREON [110 B1–2]

Der römische Hauptmann Gereon war Anführer der thebäischen Legionäre, die vermutlich hier den Märtyrertod starben. Gereon ist neben St. Ursula der Kölner Stadtpatron. Der Bau der romanischen Kirche wurde 1191 vollendet. Taufkapelle und südlicher Sakristeiflügel stammen aus dem 13/14. Jh. Im Inneren des Mittelbaus reicht das römische Gemäuer 16 m hoch. Besonderes Highlight: das Fußbodenmosaik mit Szenen aus dem Leben Davids und Samsons. *Mo–Sa 10–18, So 12.30–18 Uhr | Gereonsdriesch 4 | www.romanische-kirchen-koeln.de | U-Bahnen: Christophstr./Mediapark*

16 ST. PANTALEON [110 C6]

Die älteste romanische Kirche in Köln (vermutl. vor 1002) ist die Grabkirche von Erzbischof Bruno und Kaiserin Theophanu. Die ottonische Saalkirche wurde um 1152 zu einer dreischiffigen Basilika mit dreitürmigem Westwerk erweitert. *Mo–Fr 9–18, Sa 9–16 Uhr | Am Pantaleonsberg 12 | www.romanische-kirchen-koeln.de | Bahnen und Busse: Poststraße*

17 ZEUGHAUS/KÖLNISCHES STADTMUSEUM [110 C2]

Seit 1600 war das Zeughaus das Rüstungs- und Waffenarsenal der freien Reichsstadt. Heute dokumentiert dort das Stadtmuseum die Geschichte Kölns seit dem Mittelalter. Auf dem Turm steht ein goldenes Flügelauto, eine Skulptur von HA Schult (1989). *Di 10–20, Mi–So 10–17 Uhr | Zeughausstr. 1–3 | Eintritt 4,20 Euro | Bahnen und Busse: Appellhofplatz*

> BÜCHER & FILME

Ob Krimi, Liebesroman oder Tragödie – Köln glänzt

- **Kölner Mythen** – Carl Dietmar überprüft populäre Legenden auf ihren Wahrheitsgehalt. Ein kurzweiliger Streifzug durch die Stadtgeschichte.
- **Kölsch-Kultur** – Detlef Rick und Janus Fröhlich bieten in ihrem Buch eine kurzweilige Einführung in die lokale Bierkultur und ihr Ambiente.
- **Im Flug durch die Zeit** – Henriette Meynen und Werner Schäfke haben schöne Köln-Ansichten aus der Luft vom Mittelalter bis heute zusammengestellt.
- **Edelweißpiraten** – Niko von Glasows gefühlvoller und vielschichtiger Kinofilm von 2005 porträtiert eine jugendliche Widerstandsbewegung im Zweiten Weltkrieg.
- **Tod und Teufel** – Mit diesem historischen Krimi debütierte der Bestseller-Autor Frank Schätzing 1995. Die Story spielt 1260 und schildert ein Komplott gegen den Kölner Erzbischof.
- **Korrupt** – Bernd Imgrund ist ein intimer Kenner der Kölner Lokalpolitik und der Wirtschaft. Seine Schilderung über Klüngel und Geschäftemacherei ist als „Tatsachenroman" etikettiert.
- **Das Trio** – In dieser Tragikomödie von Hermine Huntgeburth verstrickt sich Götz George als Kölner Ganove in eine bizarre Dreiecksgeschichte.
- **Narren** – Regisseur Tom Schreiber nutzte den Kölner Karneval als Kulisse für eine skurrile Mischung aus Komödie und Krimi.

DEUTZ

> Messe, Lanxess Aena, Verwaltungsrathaus, das Triangle-Gebäude des Landschaftsverbands Rheinland und die neu gebauten Hotels setzen in diesem Stadtteil bauliche Akzente. An der Stelle der heutigen Deutzer Brücke hatten die Römer bereits um das Jahr 310 eine Pontonbrücke aus Holz installiert. Zu ihrer Sicherung errichteten sie am rechten Rheinufer das Kastell Divitia. 1888 wurde Deutz nach Köln eingemeindet. Machen Sie sich auf den Weg an ans andere Rheinufer: Von der Deutzer Seite aus haben Sie den besten Panoramablick auf den Dom und die Altstadt.

Insider Tipp

1 COLOGNE BEACH CLUB KM 689 [114 C3]

„Dä einzige Strandclub met Blick op dä Dom" singen die Paveier, eine kölsche Band. Unterhalb des Tanzbrunnens relaxen Sie auf weichem Sand wie am Meer. Die Liegen sind kostenlos bei einem Mindestverzehr von 4 Euro. *Mai bis Sept. tgl. 12–1 Uhr | Rheinpark | Eintritt frei | www.km689.rhein-terrassen.de | Bahnen und Busse: Deutz/Messe*

2 KÖLN TRIANGLE [114 C4]

Der Aufzug braucht nur eine halbe Minute bis in die 28. Etage. Dann führen 29 Stufen auf die Aussichtsplattform in 103 m Höhe. Ein 360-Grad-Rundgang bietet bei klarem Wetter eine Aussicht bis weit ins Bergische Land und auf den Höhenzug des Vorgebirges. *1. Okt.–30. April Mo–Fr 12–18, Sa/So 10–18 Uhr, 1. Mai–30. Sept. Mo–Fr 11–22, Sa/So 10–22 Uhr | Ottoplatz 1 | Eintritt 3 Euro | www.koeln-triangle.de | Bahnen und Busse: Bf. Deutz/Messe*

3 LANXESS ARENA [114–115 C–D5]

Deutschlands größte Veranstaltungshalle für Konzerte, Sport, Shows und Partys. *Willy-Brandt-Platz 3 | Ticket Hotline Tel. 0221/80 20 oder 28 01 | www.lanxess-arena.de | U 1, 3, 4, 8, 9 Bf. Deutz/Kölnarena*

4 RHEINPARK [114 C3–4]

Der Park erhielt seine heutige Form zur Bundesgartenschau im Jahr 1957. Auf urbanes Publikum treffen Sie an den Rheinterrassen und direkt daneben am beliebten *Cologne Beach Club km 689.*

Insider Tipp

Stahl und Glas dominieren die Architektur der riesigen Lanxess Arena

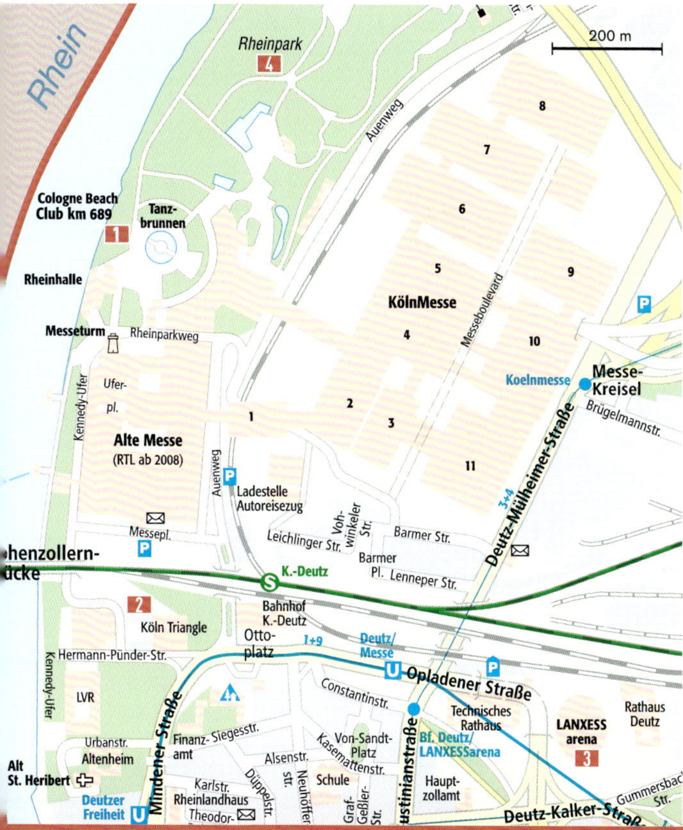

SEHENSWERTES IN DEUTZ

1 Cologne Beach Club Km 689
2 Köln Triangle
3 Lanxess Arena
4 Rheinpark

Am Nordende sind die *Claudius-Thermen* mit 30 Grad heißem Wasser. Von hier aus können Sie auch mit der Seilbahn zum Zoo auf der anderen Seite fahren. *Seilbahn 15. März bis 2. Nov. tgl. 10–18 Uhr | 4 Euro | www.koelner-seilbahn.de | Bahnen und Busse: Bf. Deutz/Messe*

EIGELSTEIN-VIERTEL

> Kölsch und Kebap, Kaschemmen und Gourmetlokale, kölsche Brauhäuser und Szene-Bistros existieren hier friedlich nebeneinander. Manch düstere Ecken am Bahndamm dienen schon mal als Drehortkulisse für eine „Tatort“-Folge.

1 BASTEI [114 B3]

Vor der 1880 abgerissenen mittelalterlichen Stadtmauer lag ab 1891 ein preußisches Befestigungswerk. Die Bastei wurde 1927 umgebaut und hat im oberen Bereich eine Auswölbung von 8 m zum Rhein hin. *Konrad-Adenauer-Ufer 80 | Bahnen und Busse: Breslauer Platz*

2 EIGELSTEINTORBURG ★ [114 A3]

Das nördliche Stadttor Richtung Neuss hieß Adlerpforte, in der französischen Besatzungszeit (1794–1814) Porte d'Aigle, phonetisch dann zu „Eigel“ eingedeutscht. Wer im Ersten Weltkrieg seinen Trauring zum Einschmelzen spendete, durfte einen Nagel in die hölzerne Skulptur des „Kölsche Boor“ (Kölner Bauer) schlagen, der die Wehrhaftigkeit der Stadt verkörperte. Am linken Turm sehen Sie an jener Stelle heute ein steinernes Relief dieses mittelalterlichen Bauern. Die Inschrift belegt, dass er in späteren Epochen zum Symbol der Reichstreue umgedeutet wurde: „Halt fass am Rich do kölsche Boor, loss et nit fall ov söös ov soor“ (Halt fest am Reich, du kölscher Bauer, lass es nicht fallen, ob die Zeiten süß oder sauer sind). In der rechten Turmnische hängen zum Gedenken an die Toten der „MS Cölln“ im Ersten Weltkrieg die Reste eines hölzernen Rettungsbootes. *Eigelstein | Bahnen und Busse: Ebertplatz*

3 GEREONSMÜHLENTURM [113 E4]

An dieser Stelle des Gereonswalls steht ein Originalteil der mittelalterlichen Stadtmauer. Der Mühlenturm wird für Partys genutzt. *Gereonswall | Bahnen und Busse: Hansaring*

4 ST. KUNIBERT [114 B3]

Kunibert wurde um 620 Bischof in Köln. Die 1247 geweihte Kirche im staufischen Stil schließt zeitlich das Ensemble der romanischen Kirchen

Prachtvoll geschmückze Reliquien in der goldenen Kammer von St. Ursula

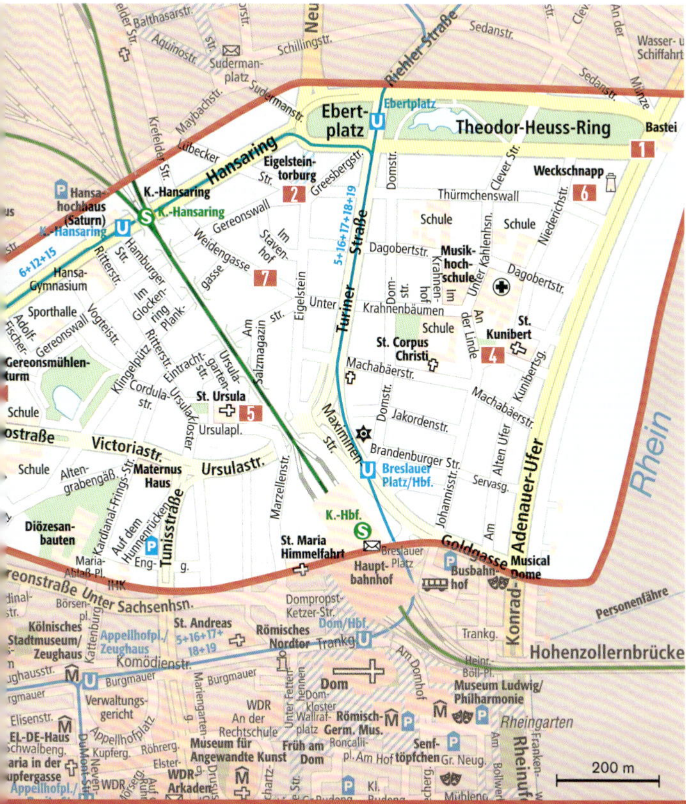

SEHENSWERTES IM EIGELSTEINVIERTEL

1 Bastei
2 Eigelsteintorburg
3 Gereonsmühlenturm
4 St. Kunibert
5 St. Ursula
6 Weckschnapp
7 Weidengasse

ab. *Mo–Sa 10–13 und 15–18, So 15–18 Uhr | Kunibertskloster 6 | www.romanische-kirchen-koeln.de | Bahnen und Busse: Breslauer Platz*

5 ST. URSULA ★ [113 F4]

Die elf schwarzen Flammen im Kölner Wappen stehen für die britische Königstochter Ursula und ihr Gefolge von elftausend Jungfrauen. Der Legende nach sind sie von den Hunnen hingemetzelt worden, als diese Köln belagerten. In der Goldenen Kammer werden die Gebeine der Hl. Ursula und andere Reliquien aufbewahrt. *Besichtigung Goldene*

Kammer tgl. nach Absprache mit Pfarramt: Tel. 13 34 00 | Mo–Sa 10–12 u. 15–17 Uhr, So 15–17 Uhr | www.romanische-kirchen-koeln.de | Ursulaplatz 24 | Bahnen und Busse: Dom/Hbf.

6 WECKSCHNAPP [114 B3]

Das Türmchen diente im Mittelalter als Stadtgefängnis. Wenn die Insassen etwas essen wollten, mussten sie nach einer „Weck schnappen", die man an einer Schnur herunter baumeln ließ. *Konrad-Adenauer-Ufer | www.giselmut.de/die_weckschnapp.htm | Bahnen und Busse: Ebertplatz*

Insider Tipp

7 WEIDENGASSE [114 A3]

Das lebendig-bunte Nebeneinander von skurrilen Trödelläden, orientalischen Gemüsegeschäften, Lamm-Metzgereien und Imbissen müssen Sie einfach mal gesehen haben! *Bahnen und Busse: Ebertplatz oder Breslauer Platz*

SEVERINS-VIERTEL/SÜD-STADT

> Hier ist der Kölsch-Rocker und Chef der Band BAP, Wolfgang Niedecken, zu Hause, und mit ihm zusammen eine bunte Mischung vieler Milieus: in die Jahre gekommene Ex-Hausbesetzer und grün-alternative Akademiker, Künstler, Dichter, kölsche Arbeiterfamilien und türkische Gemüsehändler. Ein Viertel voller Geschichten: Die Kneipe *Früh em Veedel* etwa heißt im Volksmund „Invalidendom", weil sich hier nach dem Ersten Weltkrieg die Kriegsveteranen trafen. Wenn Sie den Straßenkarneval in seiner urtümlichen und unverfälschten Form erleben wollen, dann kommen Sie an Weiberfastnacht zum Plätzchen *An der Eiche* [118 B1] oder einen Block weiter zum *Severinskirchplatz* [118 B1].

Insider Tipp

In der Weidengasse herrscht echtes multikulturelles Alltagsleben

SEHENSWERTES

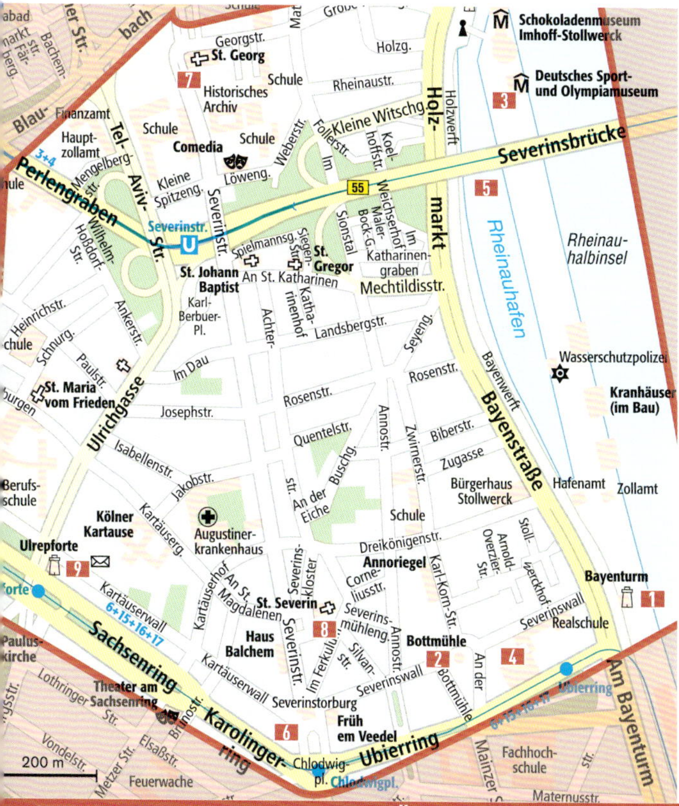

SEHENSWERTES IM SEVERINSVIERTEL/SÜDSTADT

1. Bayenturm
2. Bottmühle
3. Deutsches Sport- und Olympiamuseum
4. Rautenstrauch-Joest-Museum
5. Rheinauhafen
6. Severinstorburg
7. St. Georg
8. St. Severin
9. Ulrepforte

1 BAYENTURM [118 B2]

Mit diesem Turm und seinen achteckigen gotischen Obergeschossen begann die mittelalterliche Stadtmauer, die sich halbkreisförmig bis zur *Weckschnapp* im Norden um die Stadt zog. Wird heute als Frauen-Media-Turm genutzt., d.h. als Informations- und Dokumentationszentrum zur Geschichte der Emanzipation. *Am Bayenturm | www.frauenmediaturm.de | U 6, 15, 17: Ubierring*

2 BOTTMÜHLE [118 B2]

Der 1587 gebaute Turm diente als Weinmühle. Die Qualität des hier angebauten Weines ließ aber wohl zu wünschen übrig: Man beurteilte ihn ziemlich eindeutig als „suure Hungk" (saurer Hund). *Severinswall | U 6, 15, 17: Ubierring*

3 DEUTSCHES SPORT- UND OLYMPIAMUSEUM ★ [111 F5]

Zu den Exponaten gehören so kuriose Sammlerstücke wie ein von Boris Becker eigenhändig zertrümmerter Tennisschläger und die Schuhe des Formel-1-Weltmeisters Michael Schumacher. Selber Sport treiben können Sie hier auch: an einem Sandsack für Boxer, auf einem Fahrrad im Windkanal oder oben auf dem Dach, wo sich Kölns höchstgelegener Fußballplatz befindet. *Di–Fr 10–18, Sa, So 11–19 Uhr | Rheinauhafen 1 | Eintritt 5 Euro | Führungen für Gruppen 33 60 90 | www.sportmuseum.info | U 1, 2, 7, 9: Heumarkt, U 3, 4: Severinstraße*

4 RAUTENSTRAUCH-JOEST-MUSEUM FÜR VÖLKERKUNDE [110 C4]

Das einzige Völkerkundemuseum in Nordrhein-Westfalen bezieht im Herbst 2009 größere Räume im neuen Kulturzentrum am Josef-Haubrich-Hof. *Josef-Haubrich-Hof | wwww.museenkoeln.de | Bahnen und Busse: Neumarkt*

5 RHEINAUHAFEN [111 F5–6] Insider Tipp

Bis auf einen kleinen Yachthafen wird das Areal des einstigen Preußischen See- und Zollhafen heute von Museen, Galerien und anderen hafenfremden Nutzern geprägt. Der Biergarten der *Hafenterrasse am Malakoffturm* (1855) ermöglicht einen schönen Ausblick auf die alte Drehbrücke und das Schokoladenmuseum. Die Wurstbude erkennen Sie bestimmt als eine der Kulissen aus den „Tatort"-Folgen wieder. *Holzmarkt | Busse 132, 133, U 3, 4: Severinstraße*

6 SEVERINSTORBURG [118 B2]

Das südliche Pendant zum Eigelsteintor. Hier wird an Weiberfastnacht gegen 13.30 Uhr „Dat Spill vun Jan un Griet" aufgeführt, eine Legende über den Reitergeneral Jan von Werth. *Chlodwigplatz | Bahnen und Busse: Chlodwigplatz*

7 ST. GEORG [111 D5]

Die einzige erhaltene romanische Säulenbasilika im Rheinland (11. Jh.). Sehenswert sind die Nachbildung des Georg-Kruzifixes und das Gabelkruzifix aus dem 14. Jh. *Tgl. 8–18 Uhr | Georgsplatz 17 | www.romanische-kirchen-koeln.de | U 3, 4: Severinstraße*

> RICHTIG FIT!

Sport mit Aussicht: Joggen am Rhein

Im Zentrum und doch an der frischen Luft: Nördlich der Einmündung Machabäer Straße [114 B3] nimmt die Zahl der Spaziergänger auf der Rheinpromenade ab. Ungestört können Sie ca. 4 km bis zur Mülheimer Brücke joggen, vorbei an der Bastei und unter der Zoobrücke hindurch. Dabei haben Sie einen schönen Blick auf den Fluss und den Rheinpark am anderen Ufer.

8 ST. SEVERIN [118 A2]
Dem Bischof Severin wird der Bau einer ersten Kirche an dieser Stelle im 4. Jh. zugeschrieben. Der 948 vollendete Nachfolgebau ist im 14./15. Jh. umgestaltet worden. *Mo–Sa 9–18, So 9–12 u. 15–17.30 Uhr | Im Ferkulum 29 | www.romanische-kirchen-koeln.de | Bahnen und Busse: Chlodwigplatz*

Über die Drehbrücke über den Hafen geht es ins Imhoff-Schokoladen-Museum

9 ULREPFORTE [117 F2]
An dieser Stelle ist ein Teil der mittelalterlichen Stadtmauer erhalten geblieben. Die Ulrepforte und der benachbarte Sachsenturm sind heute Sitz von Karnevalsgesellschaften. An der Mauer sehen Sie eine Relieftafel: Sie wurde schon 1360 abgebracht und gilt als das älteste profane Denkmal Deutschlands. Die Inschrift erinnert an die Abwehr eines Überfalls, den der Erzbischof 1268 gegen die Kölner Bürgerschaft unternommen hatte. *Sachsenring | Bahnen und Busse: Ulrepforte*

AUSSERDEM SEHENSWERT

BELGISCHES VIERTEL [113 D5]
Als Neustadtviertel wurdes es jenseits der Ringe ab 1890 bebaut. Seit den 1980er-Jahren hat sich der Stadtteil zum Galerien- und Szenekneipenviertel entwickelt. Heute konzentriert sich das Szenegeschehen hauptsächlich auf die Aachener Straße. *Bahnen und Busse: Friesenplatz oder Rudolfplatz*

BOTANISCHER GARTEN/FLORA [114 C1–2]

Rings um das „Flora“-Ballhaus und die Wasserkaskaden treffen Sie auf exotische und einheimische Pflanzen. *Amsterdamer Str. 34 | www.stadt-koeln.de/6/gruen/flora | Bus 134, U 15, 16: Zoo/Flora*

EHRENFELD ▶▶ [112 B–C 2–5]

Auch durch die Nähe zum Mediapark und den Ossendorfer Coloneum-Studios hat sich die Vorstadt im Nordwesten zum Szeneviertel entwickelt, das von Journalisten, Webdesignern, Musikern und Künstlern geprägt wird. Clubs wie *Artheater* und *Underground* bedienen die Geschmäcker von Rock bis Hip-Hop. Die vielen italienischen, türkischen und griechischen Läden und Cafés sorgen für multikulturelles Flair. *U 3, 4, 13: Venloer Straße/Gürtel*

Insider Tipp FRIEDHOF MELATEN [112 B–C4–5]

Die vor ihrem Tod schwer Erkrankten, die „Maladen“, ebenso alle Nichtkatholiken, wurden früher außerhalb der Stadtmauern beerdigt. Seit 1810 ist Melaten Zentralfriedhof. Hier sind alle berühmten Kölner begraben, und der Anblick der schönen historischen Grabmäler aus dem 19. Jh. lohnt den Besuch. *März.–Okt. 7–20, Nov.–Feb. 8–17 Uhr | Aachener Str. 204 | Bus 963, U 1, 2: Melaten*

FRIESENVIERTEL [110 B2–3]

Zwischen 1945 und 1953 entstanden die repräsentativen Bauten des Gerling-Konzerns. Wo einen Block weiter auf der Friesenstraße bis in die 1980er-Jahre das Rotlichtmilieu dominierte, finden Sie heute fast nur noch schicke Cocktailbars, Szenebistros und Sushiimbisse. *Bahnen und Busse: Friesenplatz*

GEO-MUSEUM [117 D1]

Das Institut für Mineralogie und Geochemie der Kölner Uni präsentiert sich seit der Neueinrichtung der Geo-Bibliothek mit einem erweiterten Programm. Es veranschaulicht in seiner zentralen Ausstellung die Geschichte des Lebens auf der Erde vom Urknall bis zur Gegenwart. Außerdem gibt es eine mineralogische Schausammlung zu sehen. *Mi 14–20 Uhr u. jeden letzten So im Monat 14–17 Uhr | Zülpicher Str. 49 b | Hörsaaltrakt der geowissenschaftlichen Institute | www.geomuseum.uni-koeln.de | U 8, 9: Universität oder Dasselstraße/Bf. Süd.*

KÖLNER KARNEVALSMUSEUM [112 A4]

In Deutschlands größtem Museum für närrisches Brauchtum wird auf 1400 m² die Geschichte des Jeckentreibens von der Antike bis heute ausgebreitet. *Do 10–20, Fr 10–17, Sa, So 11–17 Uhr | Maarweg 123–126 | Eintritt 4 Euro | Tel. 57 40 00 | www.kk-museum.de | U 1: Maarweg*

MUSEUM FÜR OSTASIATISCHE KUNST ★ [112–113 C–D5]

Sie sollten sich in der Cafeteria auf das Museum einstimmen: Die Terrasse bietet einen Blick auf die Steinskulptur *Kaze no hata* (Fahne im Wind) des japanischen Bildhauers Masayuki Nagare. Im Inneren des einzigartigen Museums sehen Sie dann Kostbarkeiten aus China, Korea und Japan: chinesische Sakralplastik,

Die Architektur macht es deutlich: Im Mediapark werden Trends gesetzt

koreanische Keramik und japanische Priesterskulpturen aus Zypressenholz. Die Weltenwächterfigur aus der Han-Zeit (12. Jh.) zählt zu den wenigen erhaltenen Figuren dieser Art. *Di–So 11–17 Uhr, Do 11–20 Uhr | Universitätsstr. 100 | Eintritt 4,20 Euro | Tel. 22 12 86 08 | www.museenkoeln.de | Busse 137, 961, 962, 963, 970, U 1, 2: Universitätsstraße/Aachener Weiher*

PHOTOGRAFISCHE SAMMLUNG DER SK STIFTUNG KULTUR ★ [113 E3]

August Sander fotografierte um 1920/30 Menschen in ihrer sozialen Umgebung. Bernd und Hilla Becher wurden durch sachliche Industrieaufnahmen berühmt. Außerdem sehen Sie hier Arbeiten von Karl Blossfeldt und Albert Renger-Patzsch. Im Archiv ist die Sammlung der Deutschen Gesellschaft für Photographie mit 1700 Abzügen untergebracht. Im gleichen Gebäude befindet sich auch das *Deutsche Tanzmuseum Köln* mit Plakaten, Stichen und Fotos zur Geschichte des Bühnentanzes. *Do–Di 14–19 Uhr | Im Mediapark 7 | Eintritt 4,50 Euro, Kombiticket mit Tanzmuseum 6 Euro, Mo Eintritt frei | www.sk-kultur.de | U 6, 15, 17, 19: Christophstraße/Mediapark*

RING [114–118 B3–B2]

Nach dem Abriss der mittelalterlichen Stadtbefestigung legte man nach dem Vorbild der Wiener Ringstraße diesen Boulevard an, der halbkreisförmig die Innenstadt umschließt. Eine beliebte Flanierstrecke u.a. mit zahlreichen Cafés und Bistros ist der Abschnitt zwischen Rudolfplatz und Gereonshof. *U 6, 15, 17, 19: Friesen- oder Rudolfplatz*

RODENKIRCHEN [119 E–F6]

Beliebtes Ausflugsziel mit Rodenkirchener Kapellchen, Terrassenlokalen, Gastronomie auf Hausbooten,

Strand und Promenade. Die Bootsfahrt ab dem Konrad-Adenauer-Ufer dauert ca. eine halbe Stunde. *Einfache Fahrt 3 Euro, hin und zurück 6,80 Euro | www.koelntourist.net | Bahn U 16: Rodenkirchen*

SKULPTURENPARK ★ **[114 C2]**
Regelmäßig alle zwei Jahre wird das Ensemble mit etwa 30 Skulpturen von zeitgenössischen Künstlern wie Tony Cragg, Louise Bourgeois, Martin Kippenberger, Martin Willing oder Markus Lüpertz neu geordnet. Gelungene Mischung aus abstrakten und figurativen Arbeiten. *April–Sept. 10.30–19, Okt.–März 10.30–17 Uhr | Riehler Str./Nähe Zoobrücke | Eintritt frei | http://skulpturenparkkoeln.de | U 15, 16: Zoo/Flora*

THEATERMUSEUM **[0]**
In der Sammlung des Theaterwissenschaftlichen Instituts der Kölner Universität finden Sie nicht nur Szenenentwürfe sondern auch Bühnenbilder, Vorhänge, Plakate oder Fotos. *Besichtigung nur nach Voranmeldung 02203/60 09 20 | Schloss Wahn | S 12: Porz-Wahn*

ZOOLOGISCHER GARTEN ★ **[114 C1–2]**
7000 Tiere tummeln sich in den Freigehegen und Häusern des Kölner Zoos. Besondere Attraktionen sind das Regenwaldhaus und das neue Gehege für die thailändischen Elefanten. *Sommer tgl. 9–18, Winter tgl. 9–17 Uhr, Aquarium 9–18 Uhr | Riehler Str. 173 | Eintritt 13 Euro | Bus 135, U 15, 16: Zoo/Flora*

Insider Tip

> BLOGS & PODCASTS

Gute Tagebücher und Files im Internet

- > *www.koeln.de/blogs/edgar/kategorie/typisch-koeln* – „Sie Köln uns mal": Das Weblog von Edgar Franzmann bietet Ihnen launige Einführungen in die kölsche Lebensart.
- > *www.rss-scout.de* – Aktuelle Nachrichten aus Köln bietet dieser Newsfeed. Unter dem Suchbegriff „Köln" bietet er Meldungen zu Themen wie Theater, Partys, Musik und mehr.
- > *www.domradio.com/Sendungen/Sonstige/wortzumsamstag.htm* – Hier finden Sie die humoristisch-theologischen Weltbetrachtungen des Diakons Willibert Pauels als Podcast.
- > *http://richschwab.de/richcast/index.php* – „Fett und kursiv" heißt die digitale Leseshow des Kölner Literaten und Rockmusikers Rich Schwab mit teils ironischen, teils knallhart-realistischen Alltagsbeobachtungen.
- > *www.museenkoeln.de/museum-ludwig/audioguide/podcast.xml* – Museum Ludwig: Kunstfreunde bekommen in mehr als 150 Beiträgen die Sammlung des Museums für Kunst des 20. Jhs. und der Gegenwart erklärt
- > *www.koeln-blogs.de* – Diese Seite listet jede Menge lokale Nachrichten für Köln-Fans auf.

Für den Inhalt der Blogs & Podcasts übernimmt die MARCO POLO Redaktion keine Verantwortung.

AUSSERHALB

MAX-ERNST-MUSEUM BRÜHL [120 C3]

In Sichtweite zu Schloss Augustusburg liegt das klassizistische *Benediktusheim*. Im Museum findet sich eine große Sammlung an Druckgrafik und Skulpturen des aus Brühl stammenden Surrealisten Max Ernst (1891–1976). *Di–So 11–18 Uhr, 1. Do/ Monat bis 21 Uhr | Comesstr. 42 | Eintritt 5 Euro | Tel. 02232/579 31 10 | www.maxernstmuseum.de | U 18: Brühl-Mitte*

PHANTASIALAND BRÜHL [120 C3]

Während Ihre Kinder die Geheimnisse von *Wuze Town* erkunden, entspannen Sie sich in *Heinos Kaffeehaus.* Der Funpark zählt zu den größten und besten seiner Art in Europa; jedes Jahr gibt es neue Attraktionen, die sich zu entdecken lohnen. *April–Okt. tgl. 9–18 Uhr, Kassenschluss 16 Uhr | Berggeiststr. 31–41 | Brühl | Tageskarte 31 Euro | Tel. 02232/362 00 | www.phantasialand.de | U 18, dann Bus; mit dem Auto BAB 553, Ausfahrt Brühl-Süd, danach Ausschilderung folgen*

SCHLOSS AUGUSTUSBURG [120 C3]

Was sich der französische König Louis XIV. an prachtvoller Architektur leistete, empfand auch der rheinische Territorialfürst Kurfürst Clemens August für sich als standesgemäß. So ließ er seine alte Wasserburg in ein prunkvolles Lustschloss nach französischem Vorbild umbauen. Als kunsthistorisches Highlight gilt die Barocktreppe von Balthasar Neumann.

Nach etwa 30 Minuten Fußweg durch eine standesgemäß idyllisch-romantische Lindenallee erreichen Sie das *Jagdschlösschen Falkenlust,* wo der Kurfürst sich heimlich mit seinen Gespielinnen traf. *Feb.–Nov.*

Prunkvoll: Schloss Augustusburg

Di–Fr 9–12 u. 13.30–16, Sa, So 10–17 Uhr | Schlossstr. 6 | Brühl | Eintritt 5 Euro, Schloss Falkenlust Eintritt 3,50 Euro | Tel. 02232/440 00 | www.schlossbruehl.de | DB: Brühl-Bahnhof oder U 18: Brühl-Mitte und 10 Min. Fußweg; mit dem Auto B 51 Brühler Str./Brühler Landstr., in Brühl der Ausschilderung „Parkplätze“ folgen

> SAUERBRATEN UND SUSHI

Gastronomie international: In Köln bewirtet man Sie mit der Küche aller Herren Länder

> Deftige rheinische Hausfrauenküche serviert man Ihnen in den typisch kölschen Brauhäusern.

Wann der berühmte Halve Hahn erfunden wurde, ist auf den Tag genau überliefert. Ein gewisser Wilhelm Vierkötter hatte sich am 18. April 1874 im Brauhaus Lölgen (existiert heute nicht mehr) mit seinen Gästen einen Scherz erlaubt. Er hatte ihnen zum Essen halbe Hähnchen versprochen, ließ dann aber Käse auftischen.

Im Brauhaus kellnert ein *Köbes*, der kölsche Name für Jakob. Ursprünglich waren das Brauburschen, die im Ausschank aushalfen. Berüchtigt sind die Köbesse für ihren brachialen Humor. Wenn Sie Mineralwasser bestellen, fragt der Köbes: „Soll ich auch Handtuch und Seife mitbringen?“ Zu den Köbes-Ritualen gehört, dass er Ihnen ein Glas Kölsch hinstellt, auch wenn Sie noch gar nichts bestellt haben. Manchmal serviert er

Bild: Restaurant Alter Wartesaal

ESSEN & TRINKEN

Ihnen auch gleich zwei Kölsch: „Dann biste wat beschäftigt un ich muss nit dauernd hin- und herlaufen."

AUSFLUGSLOKALE

AACHENER WEIHER ▶▶ [113 D5]

Auf den benachbarten Wiesen tummelt sich viel studentisches Publikum und vertreibt sich die Zeit mit Bongos und Ballspiel. Die Liegestühle sind kostenlos. *Tgl. 11–24 Uhr | Am Aachener Weiher | Tel. 500 06 14 | www.biergarten-aachener-weiher.de | U 1, 7 Universitätsstraße* | €

HAFENTERRASSE [111 F5]

Direkt am Malakoffturm und der Drehbrücke vor dem Schokoladenmuseum gelegen. Getränke werden serviert, Imbisse holt man sich selbst an der Bude ab, die man aus dem „Tatort" kennt. *April–Okt. tgl. 11–23 Uhr | Rheinauhafen 1 a | Tel. 272 02 62 | U 3, 4: Severinstraße* | €

KAHLSHOF HOTEL & GASTHAUS [119 E6]
Die Terrasse des früheren Hotels Wippenbekk bietet einen wunderbaren Rheinblick. Serviert wird moderne mediterrane Küche. *Tgl. | Karlstr. 7–9 | Tel. 935 31 50 | www.kahlshof.de | U 16: Rodenkirchen | €€–€€€*

Jede Menge Kölsch im Päffgen

BIERGÄRTEN

Insider Tipp
RATHENAUPLATZ [117 E1]
Schattige Bäume, zivile Preise und viele junge Leute aus dem Univiertel. *Tgl. 12–23 Uhr | Rathenauplatz | Tel. 801 73 49 | Bahnen und Busse: Zülpicher Platz | €*

STADTGARTEN [113 D–E4]
Riesige Terrasse für Bier und Cocktails, am Wochenende immer voll. Szeniges Publikum von 20 bis 40. *Tgl. 12–24 Uhr | Venloer Str. 40 | Tel. 95 29 94 21 | www.stadtgarten.de | U 3, 4, 5: Hans-Böckler-Platz | €*

VOLKSGARTEN [117 E2]
Nachmittags haben Sie gute Chancen auf einen freien Platz und genießen den Blick auf Wasserfontäne und Kahnweiher. Abends immer überlaufen. *Tgl. 11.30–1 Uhr | Volksgartenstr. 27 | Tel. 38 26 26 | U 10, 12: Eifelplatz | €*

BRAUHÄUSER & KNEIPEN

BIERESEL [110 C3]
Zwei Dutzend verschiedene Muschelgerichte haben Sie im Winter zur Auswahl. Sonst bewirtet man Sie mit deftig-bürgerlicher Küche. *Tgl. | Breite Str. 114 | Tel. 257 60 90 | Bahnen und Busse: Neumarkt | €*

BRAUHAUS SION [111 E3]
Die Bratwurst gibt's hier meterweise. Sollten Sie den Köbes zur Eile mahnen, wird er entgegnen: „Wir sind ein Brauhaus und kein Treibhaus". *Tgl. | Unter Taschenmacher 5–7 | Tel. 257 85 40 | www.brauhaus-sion.de | Bahnen und Busse: Dom/Hbf. | €*

FRÜH AM DOM/HOFBRÄUSTUBEN [111 E2]
Mit seiner großen Terrasse und den 900 Plätzen in den verschiedenen Sälen eines der größten Brauhäuser Kölns. Oben in den Hofbräustuben geht es weniger rustikal zu, es wird gehobene Bürgerküche (z.B. Perlhuhnbrust) serviert. Probieren Sie die Verdauungsschnäpse „Deck un

Insider Tipp

Dönn“ oder „Stippeföttche“. *Tgl.* | *Am Hof 12–14* | *Tel. 261 32 11* | *Bahnen und Busse: Dom/Hbf.* | €

Insider Tipp

FRÜH EM VEEDEL **[118 A2]**

Hier herrscht wirklich noch kölsche Veedelsatmosphäre. Zu essen gibt's die Klassiker der rheinischen Küche. *So geschl.* | *Chlodwigplatz 28* | *Tel. 31 44 70* | *Busse 132, 133, U 6, 15, 16: Chlodwigplatz* | €

HAUS TÖLLER **[110 B6]**

100-jähriges, uriges Ambiente. Hier serviert man Ihnen die besten „Hämchen“ der Stadt – zart gepökelte und gekochte Schweinshaxen. Auch gut: Sauerbraten vom Pferd. *So geschl., Mo–Sa ab 17 Uhr* | *Weyerstr. 96* | *Tel. 258 93 16* | *www.haus-toeller.de* | *Bahnen u. Busse: Barbarossaplatz* | €

MALZMÜHLE **[111 E4]**

Seit dem Besuch des früheren US-Präsidenten heißt der Sauerbraten hier Clinton-Teller. Überliefert ist die Frage des Köbes nach dem Getränkewunsch: „Two beer or not two beer?“ *Tgl.* | *Heumarkt 6* | *Tel. 21 01 17* | *www.muehlenkoelsch.de* | *Bahnen und Busse: Heumarkt* | €

PÄFFGEN **[110 B2]**

Stammgäste erörtern hier beim Kölsch das Weltgeschehen. Schöner Biergarten. Für den großen Hunger: die Grillhaxe! *Tgl.* | *Friesenstr. 64–66* | *Tel. 13 54 61* | *www.paeffgen-koelsch.de* | *Bahnen und Busse: Friesenplatz* | €

PETERS BRAUHAUS ★ **[111 E3]**

Ein früheres Gourmetlokal, aus dieser Zeit stammt noch die Jugendstildecke. Auch die Köbesse treten freundlicher auf. Für kalorienbewusste Genießer: der Salatteller „Tünnes und Schäl“. *Tgl.* | *Mühlengasse 1* | *Tel. 257 39 50* | *www.peters-brauhaus.de* | *Bahnen und Busse: Dom/Hbf.* | €

PUSZTA-HÜTTE **[110 C4]** Insider Tipp

Hier gibt's nur Gulasch, und zwar das beste der Stadt. Greifen Sie zu: Der Nachschlag an Sauce ist kostenlos. *Sa–Abend und So geschl.* | *Fleischmengergasse 57* | *Tel. 23 94 71* |

MARCO POLO HIGHLIGHTS

★ Stadtgarten
Sehen und gesehen werden (Seite 54)

★ Peters Brauhaus
Perfekte rheinische Küche (Seite 55)

★ Le Moissonnier
Kreative und ausgefallene französische Spitzenküche (Seite 56)

★ Heising und Adelmann
Crosskulturelle Küche und schöner Biergarten (Seite 59)

★ Nikko
Der beste Japaner in Köln (Seite 60)

★ Zur Tant
Speisen mit Rheinblick (Seite 60)

★ Alcazar
Szenekneipe mit gehobener Bürgerküche (Seite 60)

★ Die Zeit der Kirschen
Kunst, kreative Küche und eine wunderschöne Gartenterrasse (Seite 60)

www.pusztahuette.de | Bahnen und Busse: Neumarkt | €

Insider Tipp

SCHRECKENSKAMMER [113 F4]
Kleinstes und ältestes Brauhaus (seit 560 Jahren). Den Boden bestreut man wie früher mit Quarzsand. Auch das blaugerippte Wams der Köbesse ist authentisch. *So geschl. | Ursulagartenstr. 11 | Tel. 13 25 81 | Bahnen und Busse: Dom/Hbf. oder Hansaring* | €

CAFÉS

CAFÉ REICHARD [111 D2]
Von der Terrasse haben Sie den besten Blick auf den Dom. Die

> GOURMETTEMPEL

Genießer finden in Köln jede Menge Auswahl

GUT LÄRCHENHOF [0]
Nicht nur für die Mitglieder des Golfclubs. Stilvolle und zugleich unkomplizierte Atmosphäre. Die Küche wartet mit ungewöhnlichen Kombinationen von Fisch und Gemüse auf. Dreigängemenü um 50 Euro. *Tgl. 12–14 und 18–22 Uhr | Hahnenstr. | Pulheim-Stommeln | Tel. 02238/923100 | www.restaurant-gutlaerchenhof.de | RE 8 und RE 18: Stommeln | Bus 876: Wiesenhof | Auto Venloer Str. bis Stommeln*

HANSE-STUBE EXCELSIOR [111 D-E2]
Viele Gastroinsider sind sich einig: Die exzellente Küche hätte längst einen Michelin-Stern verdient! Die Weinkarte umfasst 600 Positionen aus Deutschland, Frankreich und Italien. Dreigängemenü ab 53 Euro, mittags Businesslunch 29 Euro. *Tgl. 12–14.30 u. 18–22.30 Uhr | Trankgasse 1–5/Domplatz | Für Tischreservierung:2701 | www.excelsiorhotelernst.de | Bahnen und Busse: Dom/Hbf*

LE MOISSONNIER ★ [113 F2]
Das Jugendstilrestaurant zählt seit Jahren zu Kölns Topadressen; an den Tischen geht es relativ ungezwungen zu. Küchenchef Eric Menchon nimmt die klassische französische Küche als Basis und entwickelt immer wieder neue Gerichte. Das Restaurant ist handyfreie Zone. Viergängemenü um 61,50 Euro, Hauptgerichte 34–48 Euro. *So, Mo geschl. | Krefelder Str. 25 | Tel. 72 94 79 | www.lemoissonnier.de | U-Bahnen: Hansaring*

SCHLOSSHOTEL LERBACH [0]
Dieter Müller ist der einzige Koch der Region, der drei Michelin-Sterne und 19 Gault-Millau-Punkte sein Eigen nennen darf. Mit Glück bekommen Sie einen Tisch mit Blick auf den romantischen Schlosspark. Fünfgängemenü 135–145 Euro, Siebengängemenü 170 Euro, Hauptgerichte um 50 Euro. *So, Mo geschl. | Lerbacher Weg | Bergisch-Gladbach | Tel. 02202/2040 | www.schlosshotel-lerbach.com | S 11: Bergisch Gladbach | Bus 454: Lerbacher Weg; mit dem Auto A 4, Abfahrt 19, Bensberg*

LA VISION IM WASSERTURM [110 C5]
Kreative Spitzenküche mit Michelin-Stern im Restaurant mit der nobel-klassizistischen Inneneinrichtung im 11. Stock des Wasserturm-Hotels. Viergängemenü 70 Euro, Sechsgängemenü 130 Euro. *So/Mo geschl. | Kaygasse 2 | Tel. 200 80 | www.hotel-im-wasserturm.de | Bahnen und Busse: Appellhofplatz*

Konditorwaren sind Spitzenklasse, aber das alles hat seinen Preis. *Tgl. | Unter Fettenhennen 11 | Tel. 257 85 42 | www.cafe-reichard.de | Bahnen und Busse: Dom/Hbf. | €*

HARDROCK CAFÉ ▶▶ [111 E4]
US-Coffeehouse mit Devotionalien wie einem Hemd von Elvis Presley und Bustier von Madonna. *Tgl. | Gürzenichstr. 8 | Tel. 272 68 80 | Bahnen und Busse: Heumarkt | €*

TRÖDELCAFÉ UND ANTIKES [111 D4]
Mischung aus Café und Trödelladen. Den Stuhl, auf dem Sie sitzen, können Sie auch kaufen. *Tgl. | An St. Agatha 29 | Tel. 258 02 28 | Bahnen und Busse: Heumarkt | €*

IMBISSE

CURRY COLOGNE [113 D4]
Wenn Sie wollen, können Sie hier zur Berliner Currywurst auch Champagner trinken. *Tgl. | Antwerpener Str. 5 | Tel. 589 45 56 | www.currycologne.de | Bahnen und Busse: Friesenplatz | €*

SPEISEMEISTER [112 B2]
Gute Hausmannskost und Exotisches zu Frittenbudenpreisen. *So geschl. | Subbelrather Str. 299 | Tel. 250 77 62 | U5: Subbelrather Straße/Gürtel | €*

SUPPENBAR [111 D2]
Spezialität ist die Afrikanische Linsensuppe. Frische Gemüsesuppen variieren nach Jahreszeit. *Sa, So geschl. | Komödienstr. 99 | Tel. 913 99 64 | U 5: Appellhofplatz/Zeughaus | €*

SUSHI NARA [110 A3]
Das kleine Stehlokal kann zwar nur mit ein paar Hockern aufwarten, dafür ist die Auswahl an Tee und Sushi umso größer. In der Friesenstraße 57–59 gibt es eine Dependance mit einem Fließband-Karussell. *Tgl. | Friesenstr. 70 | Tel. 12 01 70 | Bahnen und Busse: Friesenplatz | €*

Sushi satt im Sushi Nara

RESTAURANTS €€€

DAITOKAI [110 C2]
Hier sitzen Sie an Grillplatten und bekommen das Essen vor Ihren Augen zubereitet. Die Köche bieten mit dem Tranchiermesser zirkusreife Showeinlagen. Menüs zwischen 40 und 66 Euro. *Mo und Di–Mittag geschl. | Kattenbug 2 | Tel. 12 00 48 | www.daitokai.de | Bahnen und Busse: Appellhofplatz*

GRAUGANS IM HYATT REGENCY [114 B5]

Moderne Crossover-Küche, die europäische Gourmettradition mit arabischem Couscous, chinesischem Wok-Gemüse oder indischem Tandoori kombiniert. *So, Mo geschl., Di–Sa ab 18.30 Uhr | Kennedy-Ufer 2 a | Tel. 82 81 17 71 | Bahnen und Busse: Deutzer Bahnhof*

LE MEROU IM DOM-HOTEL [111 D2]

Internationale Hotelgäste und Kölns Bürgertum genießen in eleganter Architektur First-Class-Küche. *Tgl. 6–*

> SPEZIALITÄTEN

Genießen Sie die typisch Kölner Küche!

Flönz – Kölner Blutwurst mit groben Speckstückchen
Halve Hahn – ein Röggelchen (Roggenbrötchen) mit mittelaltem Holländer Käse, dazu Senf
Himmel un Ääd – die Äpfel (Himmel) und die Kartoffeln (Erde) gaben diesem Gericht den Namen. Kartoffeln und Äpfel werden zusammen gekocht und zu Mus gestampft. Dazu wird gebratene Blutwurst serviert
Kölsch – obergäriges helles Bier mit etwa 4,8 Prozent Alkohol, das nur in Köln gebraut werden darf und nur in zylindrischen Glasstangen ausgeschenkt wird
Kölsche Kaviar – Blutwurst mit Zwiebeln, dazu Schwarzbrot oder Röggelchen
Krüstchen – kleine Imbissportion in einem Schälchen, ursprünglich zweites Frühstück in den Brauhäusern. Ein Krüstchen Gulasch ist eine kleine Schale mit Gulasch und einem kleinen Röggelchen
Muuze und Muuzemandeln – Schmalzgebäck in der Karnevalszeit
Rheinischer Heringsstipp – meist im Steinguttöpfchen serviert, dazu reicht man Salz- oder Pellkartoffeln. Die Heringe werden mit Zwiebeln, Äpfeln, Gewürzgurken und Senfkörnern in einer Essig-Sahne-Tunke eingelegt
Rheinische Muscheln – man kocht sie in einem Sud aus Wasser, Zwiebeln, Möhren, Porree, Lorbeerblättern und einem Schuss Weißwein. Manche Köche fügen auch Sellerie und Petersilie hinzu
Rheinischer Sauerbraten – meistens vom Rind, aber der wahre Kenner meint, es müsse Pferdefleisch sein! Der Schmorbraten muss mindestens 3 bis 4 Tage in einer Beize aus Essig, Wasser, Zwiebeln, Wacholderbeeren, Pfefferkörnern und Suppengrün liegen. Die Sauce wird mit Rosinen verfeinert. Klassische Beilagen sind Apfelmus und Kartoffeln bzw. Klöße (Foto)
Rievkooche (Reibekuchen) – geriebene Kartoffeln vermischt man mit Milch, Eiern, Mehl und Salz, brät sie dann in reichlich Öl
Schavu – Wirsingkohl

23 Uhr | Domkloster 2 a | Tel. 202 40 | Bahnen und Busse: Dom/Hbf.

LES TROIS B [0]

Unweit des Müngersdorfer Rheinenergiestadions und direkt am Adenauer Weiher: Das ehemalige belgische Offizierskasino „Club Astoria" beherbergt heute einen Gourmet-Salon mit global orientierter Küche auf klassischer Basis. *Di–Sa ab 18.30 Uhr | Guths-Muths-Weg 3 | Tel. 987 45 10 | www.club-astoria.eu | U1 Rheinenergiestadion*

RESTAURANTS €€

Insider Tipp

BOSPORUS [114 A3]

Gehobene Küche, die orientalische Ursprünge mit westlich-mediterranem Einfluss verbindet. Zu empfehlen: „Sultan Sac", zarte Lammfleischstreifen auf einer Knoblauch-Joghurt-Kräutersauce. Im Sommer ist die Terrasse sehr beliebt. *So–Mittag geschl. | Weidengasse 36 | Tel. 12 52 65 | www.bosporus.de | Bahnen und Busse: Breslauer Platz/Ebertplatz*

HEISING UND ADELMANN ★ ▶▶ [110 A3]

Gehobenes urbanes Ambiente in Verbindung mit einer lockeren, kommunikativen Atmosphäre. Szene- und Medientreff mit Bar, großem Restaurantsaal und lauschigem Biergarten. Kreative crosskulturelle Küche. *Mittags und So geschl. | Friesenstr. 58–60 | Tel. 130 94 24 | www.heising-und-adelmann.de | Bahnen und Busse: Friesenplatz*

KYOTO [113 D5]

Hier wird authentische japanische Küche serviert. Mittagmenüs gibt es bereits für 11 Euro. Die Sushi können Sie sich auch einzeln zusammenstellen. Schmackhafter Tipp für Tischgemeinschaften von 3 bis 4 Personen: der japanische Fonduetopf. *So geschl. | Brüsseler Str. 12 | Tel. 240 46 64 | Bahnen und Busse: Rudolfplatz*

Insider Tipp

Authentisch und puristisch: Kyoto

MAYBACH ▶▶ [113 E3]

Das Restaurant mit seinem Biergarten liegt neben dem Filmhaus am Rand des Mediaparks. Das Publikum arbeitet hauptsächlich in der Medienbranche. Originelles Dekor mit DDR-Ampelmännchen, mediterran orientierte Küche. Sehr gute Weinaus-

Restaurant Maybach: beliebt bei Kreativen

wahl. *Tgl. | Maybachstr. 111 | Tel. 912 35 98 | www.maybach111.de | Bahnen und Busse: Hansaring*

NIKKO ★ **[116 C1]**
Sagenhafte Vorspeisenkarte mit Algensalat und rohem Thunfisch in Misosauce, ausgezeichnetes Sushi und Sashimi. Unbedingt reservieren! *Sa–Mittag und So–Mittag geschl. | Dürener Str. 89 | Tel. 400 00 94 | www.nikko-koeln.de | Bus 136, 146: Karl-Schwering-Platz*

ZUR TANT ★ **[0]**
Nicht zu verwechseln mit dem innenstädtischen kölschen Traditionslokal „Bei d'r Tant". Wegen der kreativen Küche und des tollen Rheinblicks lohnt sich der Weg nach Porz-Langel. *Do geschl. | Rheinbergstr. 49 | Tel. 02203/818 83 | www.zurtant.de | Bus 164, 501: Sandbergstraße*

RESTAURANTS €

ALCAZAR ★ **[113 D4]**
Reservierungen sind hier nicht möglich: Sie müssen rechtzeitig kommen oder an der Theke warten, bis in dem In-Lokal ein Tisch frei wird. Den Tafelspitz bekommt man in Wien auch nicht besser, ansonsten dominiert eine mediterran orientierte neue Küche. *Sa–Mittag und So–Mittag geschl. | Bismarckstr. 39 a | Tel. 51 57 33 | Bahnen und Busse: Friesenplatz*

BEI OMA KLEINMANN **[117 D1]**
Traditionslokal seit 60 Jahren. Hier haben Dutzende von Studentengenerationen die deftige bürgerliche Kostt der Mensa vorgezogen. *Di–So ab 17 Uhr | Zülpicher Str. 9 | Tel. 23 23 46 | www.beiomakleinmann.de | Bahnen und Busse: Zülpicher Platz*

GOLDMUND **[112 C3]**
Entspannung für Geist und Magen: Zum Kaffee können Sie sich die passende Lektüre aus den Bücherregalen aussuchen. *Tgl. | Glasstr. 2 | Tel. 534 15 84 | www.goldmundkoeln.de | U, 3, 4, 13: Venloer Straße/Gürtel*

DIE ZEIT DER KIRSCHEN ★ **[112 B2]**
Beim „Krimi-Dinner" raten Sie während des Essens, wer der Mörder ist. Raffinierte mediterrane Fisch- und

Fleischgerichte, auch im Biergarten serviert. *Sa ab 17 Uhr | Venloer Str. 399 | Tel. 954 19 06 | www.dzdk.de | U 3, 4, 13: Ehrenfeldgürtel*

JOE CHAMPS [110 A3]
American Way of Life pur: Im TV laufen Übertragungen der US Football League und zu essen gibt's Burger, BBQ Ribs und Pizza. *Tgl. | Hohenzollernring 1–3 | Tel. 257 28 54 | /www.joe-champs.com | Bahnen und Busse: Rudolfplatz*

TXANGURRO [113 D5]
Kleines, hell und einfach eingerichtetes baskisches Lokal mit freundlichem Service. Die Palette reicht von Appetithappen (*pinchos*) über *langostinos* bis zu diversen wechselnden Tagesspezialitäten, und auch der Hauswein ist recht ordentlich. *Tgl.ab 18 Uhr | Mozartstr. 9 | Tel. 222 48 64 | Bahnen: Rudolfplatz*

WEINLOKALE

BACCHUS WEINSTUBE [117 D2]
Wohnzimmerhaft-gemütliches Lokal, auf der Weinkarte dominieren deutsche Lagen. Dazu kann man Fleischgerichte, Salate und Eintöpfe essen. *Mo–Fr ab 17 Uhr, Sa, So ab 18 Uhr | Rathenauplatz 17 | Tel. 21 79 86 | www.weinstubebacchus.de | Bahnen und Busse: Zülpicher Platz* | €–€€

DELIX FOOD AND WINE [110 A3]
Dirk Middendorf hat das Konzept aus New York übernommen: Mischung aus Delikatessenladen und Coffeebar, Weine aus Spanien, Chile, Südafrika, USA. *So geschl. | Friesenstr. 72–74 | Tel. 126 02 00 | Bahnen und Busse: Friesenplatz*

VINTAGE [110 B4]
Schickes Lokal im Boutiquenviertel. Unter den 900 Weinen sind viele edle Tropfen, dazu gibt's exquisite mediterrane Küche. *So geschl. | Hahnenstr. 37 | Tel. 92 07 10 | www.vintage.info | Bahnen und Busse: Rudolfplatz* | €€

WEINHAUS VOGEL [114 A3–4]
Die meisten Gäste trinken zwar Bier, aber wegen der urigen Atmosphäre sollten Sie dieses urkölsche Lokal aufsuchen. Die Stehplätze vorne im Schankraum sind nach einem ungeschriebenen Gesetz für Stammgäste reserviert. *Tgl. ab 10 Uhr | Eigelstein 74 | Tel. 139 91 34 | BahnenundBusse: Ebertplatz oder Breslauer Platz*

> LOW BUDGET

- Die *Metzgerei Schmitz* ([113 D6] *Küche ab 12.30 Uhr | Aachener Str. 30 | Tel. 139 55 77 | www.metzgerei schmitz.com | Bahnen und Busse: Rudolfplatz)* zählt zu den In-Läden. Im Café-Bistro in einer ehemaligen Fleischerei sind sowohl der Espresso, als auch die mediterranen Snacks und Mittagsgerichte preiswert.
- In der teuren Altstadt ist die *Kaffeebud om Aldermaat* ([111 E3] *Alter Markt 58–60 | Bahnen und Busse: Heumarkt)* eine Oase Für Preisbewusste. Außer Kaffee gibt's Bockwurst, Gulaschsuppe und Snacks.
- Günstig und gut Kaffee trinken können Sie auch im *Domforum* (*Mo–Fr bis 18.30 Uhr, Sa, So bis 17 Uhr |* [111 D2] *Domkloster 3 | Tel. 92 58 47 20 | www.domforum.de | Bahnen und Busse: Dom/Hbf.)* direkt gegenüber dem Dom.

> DOMPRINTEN, POP-ART UND GLIMMERKONFETTI

Karnevalskostüme gibt es das ganze Jahr, dazu Galerien und ganz besondere Delikatessen – Köln ist ein Shoppingparadies

> Sie suchen nach einem typisch kölschen Mitbringsel? T-Shirts, Bierseidel und Aschenbecher mit Dom-Motiv werden jedenfalls nicht in der Domstadt, sondern wohl irgendwo in Asien hergestellt. Wenn es also etwas Authentisches sein soll, dann gehen Sie zu *Printen Schmitz*. Dort gibt's den Dom in essbarer Form, mit oder ohne Schokoladenüberzug, und außerdem viele drollige Figürchen aus Marzipan, die eigentlich viel zu schade zum Essen sind.

Bild: Olivandenhof

Die großen Kaufhäuser und Markenketten sind auf der Hohe Straße und in der Schildergasse zu finden. An diese Fußgängerzone schließen sich die Einkaufspassagen am Neumarkt an. Als Route für den Einkaufsbummel empfiehlt sich außerdem die Strecke Breite Straße-Ehrenstraße von den WDR-Arkaden bis zum Hohenzollernring mit individuellen Läden. Zwei Branchen beweisen zudem, dass Köln eine Kunst-

EIN KAUFEN

stadt ist, in der auch gern gefeiert wird: Zum einen zeigen rund 50 Galerien ständig Ausstellungen mit der klassischen Moderne des 20. Jhs., mit der etablierten zeitgenössischen Avantgarde und mit junger Kunst. Zum anderen haben die Spezialgeschäfte für Masken und Kostüme, Deko- und Partymaterialien das ganze Jahr über gut zu tun.

In der Innenstadt sind die meisten Läden an Werktagen bis 19 oder 20 Uhr geöffnet, samstags bis 16 Uhr. Im Folgenden werden die Öffnungszeiten nur genannt, wenn sie von den üblichen abweichen.

ANTIQUARIATE

ANTIQUARIAT BUCHHOLZ [110 C2]

Neben antiquarischen Büchern umfasst das Inventar des Ladens viele alte Stiche und Plakate, Modejournale, Kunst- und Fotobände sowie Miniaturdrucke des 19. Jhs. *Mo–Fr*

11–18 | Neven-Du-Mont-Str. 17 | Bahnen und Busse: Appellhofplatz

BUCHHANDLUNG-ANTIQUARIAT HEYBUTZKI [110 A–B3]
Hier dürfen Sie nach Herzenslust zwischen alten Lexika stöbern. Aber vielleicht interessieren Sie sich auch für Programmhefte aus dem 19. Jh. oder für antiquarische Bildbände? *Pfeilstr. 8 | http://www.antiquare.de/antiquariate.asp | Bahnen und Busse: Rudolfplatz*

ANTIQUITÄTEN & MÜNZEN

MÜNZEN- UND MEDAILLENGALERIE KÖLN H. J. KNOPEK [111 E3]
Im Münzladen stehen Karnevalsorden zum Verkauf, daneben finden sich Olympia- und Gedenkmünzen. *Alter Markt 55 | Bahnen und Busse: Dom/Hbf.*

STEINSTRÄSSER [117 E1]
Das Sortiment umfasst wunderschöne antike Stand- und Kaminuhren. Mindestpreis: um 150 Euro. *Salierring 26 a | Bahnen und Busse: Barbarossaplatz*

Anziehend schön: Kollektion in der Boutique Gesine Moritz

BOUTIQUEN & DESIGNERKLEIDUNG

GESINE MORITZ [110 C3]
Hochwertige Kollektionen, elegant-samtig oder lässig-bequem mit weiten, fließenden Stoffen. *Neumarkt 18 a | Bahnen und Busse: Rudolfplatz*

MADAMSKI [110 A5]
Mode von jungen Designerlabels können Sie hier in einer entspannt-

ungezwungenen Atmosphäre durchstöbern. *Engelbertstr. 23 | Eingang Hofeinfahrt | www.madamski.de | U 9,12,15: Zülpicher Platz*

MARION MUCK MODE [110 B3]
TV-Star Anke Engelke schwärmt von den Roben der Kölner Designerin. Außerdem: Schuhe, Accessoires. *Kleine Brinkgasse 41 a | Bahnen und Busse: Rudolfplatz*

DELIKATESSEN

HONIG-MÜNGERSDORFF [111 D4]
Seit 1847 kümmert sich der Familienbetrieb um den süßen Stoff aus der Imkerei: In dem netten Laden gibt's nicht nur Honig im Topf, sondern auch Bonbons, Likör und Wein auf Honigbasis. *An St. Agatha 37 | Bahnen und Busse: Neumarkt*

HOSS AN DER OPER ★ [111 D3]
Ein Gourmettempel, in dem Sie von feinen Wurstwaren, hausgemachten Pasteten, Desserts, Salaten und Konservensuppen bis zum 90 Jahre alten Armagnac alles bekommen, was die Zunge jubeln lässt. *Mo geschl. | Breite Str. 25–27 | Bahnen und Busse: Appellhofplatz*

KÄFFCHEN [110 B4]
Hübsche Kaffeeboutique, in der Sie auch eine ausgezeichnete Wiener Melange probieren können. *Neumarkt 36–38 | Bahnen und Busse: Neumarkt*

KÄSEHAUS WINGENFELD [110 B3]
Seit 1896 wird der Käse hier mit äußerster Sorgfalt behandelt. Der Brie z.B. liegt nach alter Sitte auf Strohmatten, andere Sorten reifen in speziellen Kühlzonen. Es gibt auch eine Spezialtheke mit Ziegenkäse, Insider Tipp außerdem Öle und Wein. *Ehrenstr. 90 | Bahnen und Busse: Rudolfplatz*

KÖLNER RUM KONTOR [114 A3]
Zwischen der Dekoration aus Palmwedeln und Schiffstruhen finden Sie über 300 verschiedene Rumsorten und andere Spirituosen. *Di–Fr 10–18 Uhr, Sa 11–14 Uhr | Lübecker Str. 6 | Bahnen und Busse: Hansaring*

PRINTEN SCHMITZ [110 C3] Insider Tipp
Leckeres Gebäck, Pralinés, Printen und Marzipankreationen. Damit lassen die Kölner sich schon seit 1842 verwöhnen. *Breite Str. 87 | Bahnen und Busse: Appellhofplatz*

MARCO POLO HIGHLIGHTS

★ **Hoss an der Oper**
Wallfahrtsort für Gourmets (Seite 65)

★ **Baukunst Galerie**
Etablierte Avantgarde und junge Kunst in besonderem Ambiente (Seite 66)

★ **Balloni**
Traumland für Partygastgeber und Dekorateure (Seite 67)

★ **Kölner Puppenklinik**
Aus alt mach neu: Schönheitschirurgie für Puppen (Seite 68)

★ **Filz Gnoss**
Nie mehr kalte Füße! (Seite 69)

★ **Nippes**
Einheimische und exotische Früchte auf dem Wochenmarkt (Seite 69)

STERCK JOH. JOS. & ZOON [110 C3]
Eine Adresse, die Genießer auf keinen Fasll verpassen sollten: 80 Teesorten, Kaffee, englisches Gebäck und belgische Edelpralinés regen in einer schönen alten Ladeneinrichtung die Sinne an. *Neue Langgasse 4 | Bahnen und Busse: Appellhofplatz*

WILD-GEFLÜGEL BROCK [110 B3]
Nicht nur die schöne Metzgereieinrichtung aus dem Jahr 1903 lohnt einen Besuch. In Gläsern und Dosen finden sich außerdem feinste Leckerbissen wie Wachteleier, Pasteten und andere, ganz besondere Delikatessen. *Apostelnstr. 44 | Bahnen und Busse: Neumarkt*

>LOW BUDGET

- Kaum getragene Designermode findet man preisgünstig in der Second Hand-Boutique von Susanne Ritzenhoff. [110 B3] *Pfeilstr. 24–26| U-Bahnen: Rudolfplatz*
- Es muss ja nicht immer das allerneueste Tennisschläger- oder Jogginghosenmodell einer teuren Top-Marke sein. Sportklamotten zu Discountpreisen finden Sie bei *Muskelkater* *([113 D5] Aachener Str. 76 | Tel. 5109180 | www.muskelkatersport.de | Bahnen und Busse: Rudolfplatz.*
- Nippeskram, Porzellan, alte Bücher, Möbel und Raritäten: So kompakt wie in der *Flohmarkthalle Köln* *([110 B4] Mauritiussteinweg 100 | Tel. 2790690 | www.flohmarkthalle-koeln.de | Bahnen und Busse: Neumarkt)* finden Sie sonst selten schöne Stücke aus Omas Nachlass angehäuft.

ZWÖLF GRAD [117 F2]
Originelle Ladeneinrichtung: Alle Regale sind um 12 Grad geneigt. Weine aus Deutschland und Frankreich von kleinen Winzerbetrieben. *Martin-Luther-Platz 1 | Bahnen und Busse: Chlodwigplatz*

GALERIEN- & KUNSTHANDEL

ALEXA.JANSEN.GALERIE [117 E1] Insider Tipp
Hier finden Sie eigenwillige junge Kunst mit Malerei und Rauminstallationen, z. B. von Harry Hauck. *Di–Fr 12–18 Uhr | Pantaleonswall 50 | www.alexajansen.com | Bahnen und Busse: Barbarossaplatz*

BAUKUNST GALERIE ★ [114 A3]
Der Name ist Programm: Alle Ausstellungen und die Außenskulpturen im Garten beziehen sich auf das architektonische Ambiente. *Di–Fr 10–18.30, Sa 11–18 Uhr | Theodor-Heuss-Ring 7 | www.baukunst-galerie.de | Bahnen und Busse: Ebertplatz*

GALERIE HEINZ HOLTMANN [118 B2–3]
Etablierte Avantgarde wie Beuys, Mack, Klauke und Malerei nach 1990. *Mo geschl., Di–Sa 11–18 Uhr | Anna Schneider Steig 13 | U 15, 17: Ubierring*

GALERIE WERNER KLEIN [117 F2]
Konzeptuelle Malerei und minimalistisch-abstrakte Positionen. *Di–Fr 13–18, Sa 11–15 Uhr | Volksgartenstr. 10 | www.galeriewernerklein.de | Bahnen und Busse: Chlodwigplatz*

GALERIE RECKERMANN [110 B3]
Avantgarde nach 1960/70 und Fotokunst. *Mo geschl. | Albertusstr. 16 |*

www.galeriereckermann.com | Bahnen und Busse: Friesenplatz

GALERIE THOMAS ZANDER [118 C3]

Pop-Art, Fotokunst und Avantgarde. u.a. von Max Regenberg. *Di–Fr 11–18, Sa 12–18 Uhr | Schönhauser Str. 8 | U 16: Schönhauser Straße*

KUNSTHAUS LEMPERTZ [110 C4]

Kölns 1. Adresse für Auktionen. Klassische Moderne, afrikanische und ostasiatische Kunst. *Neumarkt 3 | Bahnen und Busse: Neumarkt*

KARNEVALS- & FESTARTIKEL

BALLONI ★ [112 C3]

Hier finden Sie alles für originelle Tischdekorationen und schrilles Partyzubehör: Tischdecken und Dekostoffe, Luftballons, Konfetti, Geschenkpapier, Servietten, Glitter- und Flimmersterne, Zierpüppchen. *Ehrenfeldgürtel 88–94 | U 3, 4, 13: Venloer Straße/Gürtel*

Arbeiten der Avantgarde und Fotokunst treffen sich in der Galerie Reckermann

DEITERS [111 E4]

Ob man Sie einlädt, beim Rosenmontagszug mitzugehen, oder ob Sie eine eigene Party veranstalten: Hier finden Sie ganzjährig witzige Kostüme, Mützen etc. *Gürzenichstraße 25 | Bahnen und Busse: Heumarkt*

FESTARTIKEL SCHMITT [114 B3] Insider Tipp

Der Anblick der Kostüme für Indianer, Zigeunerinnen, Matrosen und Piraten weckt sofort die Lust am Verkleiden. Auf drei Etagen können Sie sich das ganze Jahr mit Konfetti,

Glitter, Theaterschminke, Talmischmuck, Girlanden und Wunderkerzen eindecken. *Mo–Fr 10–19, Sa 11–15 Uhr | Johannisstr. 67 | U-Bahnen: Breslauer Platz*

DER KARNEVALSWIERTS [0]

Möchten Sie gerne als Paillettenclown, plüschiger Hoppelhase oder rosa gewandete Nonne gehen? Dann fahren Sie nach Godorf im Süden Kölns. In der 2000 m² großen Halle dürfen Sie das ganze Jahr über 400 verschiedene Komplettkostüme (um 40 bis 50 Euro) anprobieren – für die Mottoparty bleibt kein Wunsch offen. *Otto-Hahn-Str. 17 | Bus 135: Otto-Hahn-Straße, U 16: Godorf*

KURIOSA

Insider Tipp

BALLABALLA ▶▶ [117 E1]

Fachgeschäft für Artistenbedarf: Jonglierbälle, Ein- und Hochräder, Clownrequisiten, Reifen, Perücken. *Zülpicherstr. 39 | Bahnen und Busse: Dasselstraße/Bf. Köln-Süd*

KÖLNER PUPPENKLINIK ★ [110 B3]

Joyce Merlet sammelt alte Puppen, ersetzt bei zerfledderten Teddys fehlende Augen und die Füllung und betreibt einen An- und Verkauf für antiquarisches Spielzeug. Mit seiner einmaligen Atmosphäre ist das kleine Geschäft ein romantisches Juwel inmitten all der kalten Granit- und Glitzerpracht des Shoppingviertels. *Ehrenstr. 48 | www.merlet.de | Bahnen und Busse: Friesenplatz*

PERLENSPIEL [110 A3]

Ausgefallener Modeschmuck von Künstlerhand und ein umfangreiches Sortiment an Perlen und Drähten für eigene Kreationen. *Mo–Fr 11.30–18.30, Sa 11.30–14.30 Uhr | Friesenstr. 77 | Bahnen und Busse: Friesenplatz*

PASSAGEN

DUMONT-CARRÉ [110 C3]

Gucken Sie mal in die Fotoausstellungen im *studio dumont*. Der Eis-

Für viele ein besonderes Vergnügen: Einkauf auf dem Wochenmarkt

stand ist einer der besten in Köln. Auch klasse sind die Muffins mit Blaubeeren in *Henry's Coffeeworld. Breite Str. 80–90 | Bahnen und Busse: Appellhofplatz/Breite Straße*

NEUMARKT-GALERIE [110 C3]
Orientieren Sie sich an der großen Eistütenplastik von Claes Oldenburg oben auf dem Dach. 67 Läden sind auf den täglichen Bedarf und auf Spezialwünsche eingestellt. *Richmodstr. 8 | Bahnen und Busse: Neumarkt*

NEUMARKT-PASSAGE [110 B-C3]
Hier finden Sie kleine Läden, Boutiquen und Cafés. *Neumarkt | Bahnen und Busse: Neumarkt*

OLIVANDENHOF [110 C3]
Nach einer gründlichen Umgestaltung erkennen Sie den alten Olivandenhof nicht mehr wieder: Über vier Etagen erstreckt sich der Outdoor-Spezialist „Globetrotter" mit seinen Fachabteilungen. Im Basement ist heute eine große Wasserfläche angelegt, auf der Sie Boote oder in der Sie Taucherausrüstungen testen können.

OPERNPASSAGEN [110 C–D3]
Neben Geschenkartikeln, Mode und einem Pianogeschäft finden Sie hier Cafés und Restaurants für einen Imbiss nach den Vorstellungen in der Oper oder im Theater am Dom. *Ecke Breite Str./Neue Langgasse | Bahnen und Busse: Appellhofplatz*

SCHUHE

BIOLINE [111 D3]
Die Firmenphilosophie lautet: Grundsätzlich nur Naturmaterialien, aber keine bieder-klobigen Formen. *Minoritenstr. 1 | Bahnen und Busse: Dom/Hbf.*

ZU FUSS – DER SCHUHLADEN [110 B3]
Bestickte Lederpantoletten (um 75 Euro), elegante Damenstiefel, sportliche und robuste Schuhe. *Ehrenstr. 96–98 | Bahnen und Busse: Friesenplatz oder Rudolfplatz*

STOFFE

FILZ GNOSS ★ [110 B3]
Filz ist ein Energiespeicher. Alles, was es hier zu kaufen gibt, ist aus diesem Material: Pantoffeln, Hüte, Polsterwatten, Trittschalldämmungen. Außerdem sind Bastelfilze und technische Filze erhältlich. *Apostelnstr. 21 | Bahnen und Busse: Neumarkt*

WOCHENMÄRKTE

In Köln finden regelmäßig 39 Wochenmärkte statt. Zwei Märkte verdienen mit ihrem Angebot und ihrem Flair besondere Erwähnung:

APOSTELNKLOSTER [110 B3–4]
Herrliche Blumenstände, duftende Kräuter und Öle, Obst und Gemüse: Unter den schattigen Bäumen herrscht ein Hauch von Provence. *Di und Fr 7–13 Uhr | Apostelnkloster | Bahnen und Busse: Neumarkt*

NIPPES ★ [114 A1]
Wenn Sie mit einer kölschen Marktfrau parlieren, sollten Sie wissen, dass man hier unter „Kätteschloot" Löwenzahn, „Öllich" Zwiebeln und „Sprütcher" Rosenkohl versteht. *Mo–Sa 7–13 Uhr | Wilhelmplatz | U 6, 12, 18: Florastraße*

> TANZEN, TRINKEN, THEATER

Von der Studentendisko bis zur Travestiebühne bietet Köln Unterhaltung für jeden Geschmack

> „Drink doch ene met, stell dich nit esu an" (Trink doch einen mit, stell dich nicht so an), heißt es in einem Song der Bläck Fööss. Rheinländer verlegen ihr Wohnzimmer gern in die Kneipe.

An Erlebnisgastronomie hat die Stadt jedoch nicht nur kölsche Brauhausfolklore zu bieten, sondern auch eine Clubkultur von der jazzigen Cocktailbar bis zu jenen Orten, an denen Latin, Salsa, Drum 'n' Bass, House, Soul oder Funk aus den Boxen schallt.

Im Innenstadtbereich finden Sie gleich mehrere Kneipenviertel. Das Martinsviertel (Altstadt) wartet mit dem Üblichen auf, darunter auch jede Menge Rambazamba. Die Studentenkneipen des „Kwartier lateng" sind zwischen Rathenauplatz und Luxemburger Straße angesiedelt. Die meisten Diskos finden Sie auf dem Ring in der Nähe des Friesenplatzes, und nicht weit davon haben sich entlang der Friesenstraße schicke Trendlokale

AM ABEND

mit Tapas, Sushi und Cocktails angesiedelt. Kölns Gay Community hat ihre Szenekneipen im Viertel zwischen Waidmarkt und Heumarkt.

DISKOTHEKEN & CLUBS

APROPO [118 A1]

Die ehemalige Striptease-Bar hat ihr samtiges 60er-Jahre-Flair bewahrt. Heute gibt's hier Funk, Soul und Disko. *Fr, Sa 22–5 Uhr, sonst je nach Veranstaltung | Im Dau 17 | www.club-apropo.de | U 3, 4: Severinstraße*

ARTHEATER ▶▶ [112 C3]

Macht mittlerweile hauptsächlich als Technotempel von sich reden. House- und Electronikpartys. *Sa 22–5 Uhr, sonst je nach Veranstaltungen | Ehrenfeldgürtel 127 | Tel. 550 33 44 | Abendkasse: 550 99 60 | Busse 141, 142: Ehrenfeldgürtel | U 3, 4: Venloer Straße/Ehrenfeldgürtel*

GEBÄUDE 9 [115 D3]
Kurz hinter Messegelände und Zoobrücke lockt die alte Gummifädenfabrik zu Konzerten verschiedener Stilrichtungen und Partys. Im Atelierhaus nebenan gibt's außerdem schräge Kunstausstellungen zu sehen. *Öffnungszeiten je nach Veranstaltung | Deutz-Mülheimer Str. 7–129 | Tel. 81 46 37 | www.gebauede9.de | U 3,4: Koelnmesse*

GEWÖLBE IM WESTBAHNHOF [113 D4]
Vorne befindet sich der Barraum mit eigenem DJ-Pult, hinten liegt dann die Tanzfläche: Das Bahnhofsgewölbe zählt zu den angesagten Adressen der Stadt. *Fr/Sa ab 22 Uhr | Hans-Böckler-Platz 2 | www.westbahnhof-gewölbe.de | U 3, 4, 5: Hans-Böckler-Platz*

LIVE MUSIC HALL [112 B3]
Livekonzerte im Independent- und Elektronikbereich, Dance Partys mit musikalischen Mottos. *Fr ab 21, Sa ab 22 Uhr | Lichtstr. 30 | Tel. 954 29 90 | Busse 141, 142: Ehrenfeldgürtel | U 3, 4: Venloer Straße/ Ehrenfeldgürtel*

In der Philharmonie beeindruckt nicht nur die Kunst der Musik

NACHTFLUG [110 A2]
Ziemlich großes Lokal, in dem erst ab Mitternacht etwas los ist. *Di ab 22, Fr, Sa ab 23 Uhr | Hohenzollernring 89–93 | Tel. 510 22 29 | Bahnen und Busse: Friesenplatz*

ROSE CLUB [117 E1]
Der Indie-Pop-Club mit dem Programm für ein Publikum im Alter von 20 bis 25. Die Getränkepreise sind im Vergleich zu anderen Clubs

relativ günstig. *Di–Do ab 22, Fr, Sa ab 23 Uhr | Luxemburger Str. 37 | Tel. 240 82 66 | www.rose-club-cologne.de | Bahnen und Busse: Barbarossaplatz*

SENSOR CLUB ▶▶ [112 B3]
Diese Mischung stimmt: düstere Fabrikhallen, Cocktails aus Plastikbechern und gute Musik. *Fr ab 22, Sa ab 23 Uhr | Grüner Weg 6 | Tel. 261 78 79 | www.sensor-club.de | U 3, 4, 13: Venloer Str./Gürtel*

UNDERGROUND ▶▶ [112 B3]
Großer, nüchterner Barraum, zwei Konzerträume, ringsum Graffitikunst, Biergarten. Das Ambiente ist etwas angejahrt, die Musik aber immer topaktuell. *Tgl. ab 18.30 Uhr | Vogelsanger Str. 200 | Tel. 54 23 26 | www.underground-cologne.de | Busse 141, 142: Ehrenfeldgürtel | U 3, 4: Venloer Straße/Ehrenfeldgürtel*

JAZZ

LOFT [112 C3]
Jazz und neue Musik. *Öffnungszeiten variieren | Wißmannstr. 30 | Tel. 952 15 55 | www.loftkoeln.de | U 5: Liebigstraße*

MELODY PIANO BAR [116 C1]
Hier trifft sich gutbürgerliches, elegantes Publikum im Alter zwischen 35 und 50. Manchmal spontane Livesessions. *So–Do 19.30–2, Fr, Sa 19.30–3 Uhr | Dürener Str. 169 | Tel. 40 82 36 | Bus 136: Karl-Schwering-Platz | U 2, 13: Dürener Straße/Lindenthalgürtel*

STADTGARTEN [113 D4]
Im Stadtgarten stehen Jazzfestivals und -Konzerte, aber auch Pop und Rock sowie Lesungen und Diskussionsrunden auf dem Programm. *Konzerte ab 19.30, Partys ab 22 Uhr | Venloer Str. 40 | Tel. 95 29 94 21 | www.stadtgarten.de | Bahnen und Busse: Hans-Böckler-Platz*

KLASSIK

KÖLNER PHILHARMONIE ★ [111 E2]
Gastspiele von internationalen Klassikstars, große Konzerte des Gürzenich-Orchesters und des Kölner Rundfunksinfonieorchesters, außerdem stehen Kammermusik und Liederabende auf dem Programm. *Vorbestellungen: 28 02 80 | www.koelner-philharmonie.de.* Kartenvor-

MARCO POLO HIGHLIGHTS

★ Kölner Philharmonie
Akustik, Musikprogramm, Architektur – das Amphitheater begeistert (Seite 73)

★ 1460 – Galerie & Lounge
Drinks im Kirchengewölbe (Seite 74)

★ Rosebud
Barocke Eleganz und das Flair der weiten Welt in der Cocktailbar (Seite 75)

★ Atelier-Theater
Hier herrscht jede Menge launige Kurzweil mit Kabarett und Comedy (Seite 77)

★ Puppenspiele der Stadt Köln
Deutschlandweit ist dieses Theater einmalig: Hier geben sich Stockpuppen statt Schauspielern auf der Bühne die Ehre (Seite 77)

SZENELOKALE

Bunte Szenekneipe mit jeder Menge Tradition: das Alcazar

verkauf im Köln Ticket-Laden Roncalliplatz. Bischofsgartenstr. 1 | Tel. 28 02 80 | Bahnen und Busse: Dom/Hbf.

MUSIKHOCHSCHULE KÖLN [114 B3]
Konzerte und Musiktheater. Der Eintritt ist fast immer frei. Programmaushang im Foyer. *Dagobertstr. 38 | Eingang Unter Krahnenbäumen | Tel. 912 81 80 | www.mhs-koeln.de | U-Bahnen: Breslauer Platz*

LITERATURHAUS KÖLN [113 E3]
Lesungen, Rezitationen, Präsenzbibliothek. *Im Mediapark 6 | Tel. 57 43 73 20 | www.literaturhaus-koeln.de | Bahnen und Busse: Christophstraße/Mediapark*

MUSICAL DOME [111 E1–2]
Das blaue Musicalzelt neben der Hohenzollernbrücke können Sie nicht übersehen. *Breslauer Platz/Goldgasse 1 | Tel. 01805/15 25 30 | www.musical-dome-koeln.de; www.kartenkaufen.de | U-Bahnen: Dom/Hbf. oder Breslauer Platz*

SZENELOKALE

1460 – GALERIE & LOUNGE ★ [111 E4]
Der Gewölbekeller gehörte einst zur Kapelle von Klein St. Martin. An der stilvollen Bar geht's heute profaner zu. *Fr/Sa 21–3 Uhr | Augustiner Str. 23–25 | www.14hundert60.de | Bahnen und Busse: Heumarkt*

ALCAZAR [113 D4]
Publikum von 30 bis 50 Jahren. Alt-68er und jüngere Medienkünstler. *Mo–Do 12–2, Fr bis 3, Sa 18–3, So 17–1 Uhr | Bismarckstr. 39 | Tel. 51 57 33 | Bahnen und Busse: Friesenplatz*

ARKADIA BAR ▶▶ [110 B2]
In der einstigen Rotlichtbar trinken heute Studenten ihr Kölsch und toben sich zu Soul und Funk auf der Tanzfläche aus. *So–Do 20–2, Fr, Sa bis 4 Uhr | Friesenstr. 52 | Tel. 139 26 50 | Bahnen und Busse: Friesenplatz*

BACKES [118 B2]
Hier tummeln sich Stunksitzungs-Komödianten, Krimi-Autoren und

die Legenden der Alternativszene. *Mo–Fr 17–3, Sa, So 20–3 Uhr | Darmstädter Str. 6 | Tel. 31 11 67 | Bahnen und Busse: Chlodwigplatz*

KLEIN KÖLN ▶▶ [110 B2]

Früher Treff von Boxsportlern und ihren Fans aus der Halbwelt, wie die Fotos an den Wänden dokumentieren. Die wilden Jahre sind zwar vorbei, dennoch spürt man immer noch ein bisschen kölsches Milieu. *So geschl., Mo–Sa bis 4.30 Uhr | Friesenstr. 53 | Tel. 25 36 76 | www.klein-koeln.com | Bahnen und Busse: Friesenplatz*

LOW BUDGET ▶▶ [113 D5]

Warum diese Kneipe so heißt? Außer fahler Beleuchtung, Tequila vom Fass, Bier und Musik gibt es hier nichts. Dennoch ist der Laden am Wochenende immer voll. *Tgl. ab 20, Mo–Do bis 2, Fr, Sa bis 3 Uhr, So bis 1 Uhr | Aachener Str. 47 | www.lowbud.de | U 1: Moltkestraße*

ROONBURG [110 A5]

Musikclub mit Event-Programm für überwiegend studentisches Publikum. Gilt offiziell als „Raucherclub". *Di ab 21 Uhr, Do–Sa ab 22 Uhr | Roonstr. 33 | Tel. 249 37 19 | www.roonburg-de | Busse und Bahnen: Zülpicher Platz*

ROSEBUD ★ [110 A6]

Kölns eleganteste Cocktailbar. Interieur und Mixer haben mehrfach Auszeichnungen gewonnen – was sich in

> ZUSCHAUERSPORT

Köln liebt den Sport – und nicht nur seinen 1. FC

Der *1. FC Köln* trägt seine Spiele im Rheinenergiestadion Müngersdorf aus. Bei einem Sieg dröhnt aus den Lautsprechern der „Höhner"-Hit „Viva Colonia" und dann herrscht Karnevalsstimmung auf den Rängen *(Sportpark Müngersdorf | Aachener Str. 999 | www.stadion-koeln.de | U 1: Stadion, S-Bahnen: Köln-Weiden West)*. Das Footballteam der *Cologne Centurions* tritt für seine „NFL-Europe"-Spiele im selben Stadion an *(Tickets 28 01 | www.cologne-centurions.de)*. Die *Cologne Falcons* haben ihre Heimspiele in der „German Football League" im Südstadion *(Am Vorgebirgstor | www.colognefalcons.com | U12: Pohligstraße)*. Radrennen finden direkt neben dem Müngersdorfer Fußballstadion auf der Albert-Richter-Radbahn statt. Die Handballer vom *VfL Gummersbach* spielen in der Lanxess Arena Deutz *(Willy-Brandt-Platz 3 | Tickets: 80 20 Tel. 280 | Busse 150, 151, 153, 170, 250, 260, U 1, 3, 4, 9: Bf. Deutz/Lanxess Arena)*, ebenso die Eishockeystars von den *Kölner Haien (www.haie.de)*. Fans der *Cologne Cardinals (www.colognecardinals.de)* pilgern ins Baseballstadion im Sportpark Müngersdorf, und von März bis November ist Galopp-Saison auf der Pferderennbahn Weidenpesch *(Rennbahnstr. 152 | Tel. 974 50 50 | www.koelngalopp.de | U 12, 15: Scheibenstraße)*. Die Basketballer des früheren Rheinenergie-Teams treten jetzt unter dem neuen Namen *Köln99er* an. *(Energy Dome | Girlitzweg 30 | Vogelsang | www.rheinenergie-koeln.de | Bus 141: Technologiepark)*.

den Preisen niederschlägt. *Mo–Do 20.30–2, Fr, Sa 21–3, So 21–2 Uhr | Heinsbergstr. 20 | Tel. 240 14 55 | Bahnen und Busse: Zülpicher Platz*

ROXY [110 A3–4]

Szenewirt Horst Leichenich zehrt davon, dass bei ihm einst mancher Kölner Künstler seine Zeche mit Bildern bezahlte. Einige dieser früheren Gäste sind heute weltberühmt. Das Roxy ist immer gut für einen Absacker morgens um drei. *So, Di, Mi 24–5, Do–Sa 24–6 Uhr | Aachener Str. 2 | Tel. 25 19 69 | Bahnen und Busse: Rudolfplatz*

RUBINROT ▶▶ [112 C3]

Hier geht's nicht ganz so schick zu wie in den innenstädtischen Cocktailbars, denn der rot ausgeleuchtete Innenraum konserviert seine Vergangenheit als biedere Viertelskneipe. Gute Drinks, junges Publikum. *Di–So ab 20 Uhr, | Sömmeringstr. 9 | Tel. 990 16 98 | U 3, 4: Venloer Str./Gürtel*

SIX PACK [113 D5]

Schnörkellose, etwas abgewetzte Einrichtung, gute Musik, gutes Bier, reichhaltige Auswahl. Am Wochenende immer ziemlich voll. *Tgl. 20–3 Uhr | Aachener Str. 33 | Tel. 25 45 87 | Bahnen und Busse: Rudolfplatz*

Insider Tipp **WEISSER HOLUNDER** [113 E4]

Wirt Karl Schiesberg predigte schon mal in der Christuskirche, während der Pfarrer hinter der Theke stand und Bier zapfte. Das originale 50er-Jahre-Interieur sollten Sie gesehen haben! *Mo–Do 16–1, Fr 16–2, Sa 15–2, So 11–19 Uhr | Gladbacher Str. 48 | Tel. 51 34 75 | www.weisser-holunder.de | Bahnen und Busse: Christophstraße/ Mediapark*

THEATER & KABARETT

Bei der letzten Erhebung zählte man in Köln 60 Theater – so viele Bühnen hat in Deutschland sonst nur Berlin aufzuweisen. Alle Bühnen der Stadt Köln haben eine zentrale Telefonnummer: *Tel. 22 12 84 00 (Mo–Fr 9–18, Sa 9–14 Uhr).*

Der Weiße Holunder trägt seinen Namen nach einem Schlager aus den 1950ern

ARKADAŞ-THEATER [112 C2]

„Bühne der Kulturen" mit Kinder- und interkulturellem Theater, Kino,

Tanz, Kabarett und Festivals. *Platenstr. 32 | Tel. 955 95 10 | www.arkadastheater.de | U 5, 13: Subbelrather Str./Gürtel*

ATELIER-THEATER ★ [113 D5–6]
Hier begann der TV-Komiker Tom Gerhard seine Karriere: Kleinkunst mit Kabarettisten. *Roonstr. 78 | Tel. 24 24 85 | Bahnen und Busse: Zülpicher Platz*

COMEDIA COLONIA [111 D–E6]
Chansons, Comedy und Kabarett. Kindertheater. *Löwengasse 7–9 | Tel. 399 60 10 | www.comedia-koeln.de | Bahnen und Busse: Severinstraße*

FREIE KAMMERSPIELE KÖLN [112 C4]
Modernes Theater. *Thebäer Str. 17 | Tel. 952 44 54 | U 3, 4: Körner Straße*

KLÜNGELPÜTZ-ENSEMBLE [110 B3]
Kabarett mit dem Hausensemble Kölner Filz und Gastspiele. *Gertrudenstr. 24 | Tel. 257 83 60 | Bahnen und Busse: Heumarkt*

PUPPENSPIELE DER STADT KÖLN ★ [111 E3]
Auf Deutschlands einziger Stockpuppenbühne wird für Kinder und Erwachsene auf kölsch gespielt. *Tageskasse Mi–So 13.30–18 Uhr | Eisenmarkt 2–4 | Tel. 258 12 01 | Bahnen und Busse: Heumarkt*

SENFTÖPFCHEN [111 E3]
Erstklassige Shows und Soloabende Die Kabarettbühne finanziert sich großteils über den Getränkeverkauf, daher ist der Wein nicht ganz billig. *Große Neugasse 2–4 | Tel. 258 10 58 | Bahnen und Busse: Dom/Hbf.*

THEATER IM BAUTURM E.V. [112 D–E5]
Anspruchsvolles Unterhaltungstheater mit zeitgenössischen Stücken. *Aachener Str. 24 | Tel. 52 42 42 | Bahnen und Busse: Rudolfplatz*

VOLKSTHEATER MILLOWITSCH [113 E5]
Peter Millowitsch inszeniert eigene, zeitnahe Schwänke in eingekölschtem Hochdeutsch. Gründer war der Puppenspieler Franz Andreas Millowitsch. Als Konkurrent zum Hänneschen-Theater musste er zunächst nach Deutz ausweichen. Anfang des 20. Jhs. ersetzten echte Schauspieler die zuvor auf der Bühne verwendeten Puppen. *Aachener Str. 5 | Tel. 25 17 47 | www.millowitsch.de | Bahnen und Busse: Rudolfplatz*

>LOW BUDGET

- Wer auf Punk-Rock steht und nicht mehr als 6–7 Euro für ein Ticket ausgeben will, der ist im *Sonic Ballroom ([112 B3] So–Do bis 2 Uhr, Fr, Sa bis 5 Uhr | Oscar-Jäger Str. 190 | Tel. 546 44 45 | www.sonic-ballroom.de | U 3,4: Leyendeckerstr.)* richtig.
- Im *Trash Chic ([115 F5] ab 16 Uhr, Ende offen | Wiersbergstr. 31 | Tel. 492 88 55 | www.trash-chic.com | U 1, 9: Kalk Kapelle)* in Kalk ist das Glas Kölsch um ein Drittel billiger als in der Altstadt – perfekt für einen unkomplizierten Abend.
- Die *Green Bar ([111 F4] So–Do bis 1 Uhr, Fr, Sa bis 3 Uhr | Rheingasse 34–36 | Tel. 23 02 47 | Bahnen und Busse: Heumarkt)* ist nicht nur für die Gäste des angeschlossenen Backpacker Hostels Anlaufpunkt für ein günstiges Glas Bier.

> SCHLAFEN SIE GUT!

Das können Sie in Köln in vielen schönen Hotels. Vor allem zu Messezeiten müssen Sie allerdings rechtzeitig reservieren

> Köln hat derzeit mehr als 250 Hotels mit 26 000 Betten. Doch während der 40 Messen im Jahr ist alles hoffnungslos ausgebucht, ähnlich ist es bei anderen Großveranstaltungen.
An Rosenmontag schauen sich über 1 Mio. Menschen den Umzug an, und Kölns feine Gesellschaft mietet sich dann „Finster för d'r Zoch" (Fenster für den Zug) im Excelsior Hotel Ernst. In der Domstadt schlagen manche Hotels in den Spitzenzeiten bis zu 100 Prozent auf. Doch auch an normalen Tagen verlangen selbst kleine Herbergen gelegentlich Mondpreise. Faustregel: Je näher am Dom, desto teurer betten Sie Ihr Haupt. Im Zentrum lassen sich aber auch durchaus günstige Hotels und Pensionen finden. Nur sollten Sie dann ein Fan von alten Tapeten und schlichtem Mobiliar sein. Reisebüros bieten mitunter günstige Wochenendarrangements an.

Bild: Hopper Hotel Et Cetera

ÜBER NACHTEN

Haben Sie ein Hotel in der Altstadt gefunden, müssen Sie sich darauf einstellen, dass in dieser kneipenseligen Gegend keineswegs schon um 21 Uhr die Bürgersteige hochgeklappt werden: Wenn Sie ländliche Ruhe bevorzugen, sollten Sie eine Unterkunft in den Außenbezirken wählen – etwa im *Sürther Falderhof* oder im Lövenicher *Gut Keuchhof*.

Hotelzimmer vermittelt Ihnen das *Köln Tourismus Office* gegen eine Vermittlungsgebühr von 3 Euro pro Buchung *(Kardinal-Höffner-Platz 1 | Tel. 22 13 04 00)* bei Reservierungen am selben Tag. Früh- und Onlinebuchungen sind kostenlos. Tipp: Reservieren Sie unbedingt zwei bis drei Wochen vorher, vor allem zu Messezeiten. Online-Buchungen: *www.koelntourismus.de*. Das Köln Tourismus Office vermittelt auch Privatzimmer.

Wenn Sie auf eigene Faust ein billiges Zimmer suchen wollen: Viele –

einfach ausgestattete – Hotels und Pensionen sind nördlich von Hauptbahnhof und Breslauer Platz im Viertel Domstraße/Machabäerstraße/Johannisstraße zu finden. Einige residieren in den Querstraßen Brandenburger Straße und Jakordenstraße. Vorsicht drei Blocks weiter in der Eintrachtstraße: Dort entpuppt sich manche Pension als Bordellbetrieb.

CRISTALL HOTEL [111 D1]
Im Frühstücksraum finden sich Marmor und kontrastierende Farben. Auch die Zimmer sind individuell eingerichtet und haben originelles und geschmackvolles Inventar. *84 Zi. | Ursulaplatz 9–11 | Tel. 163 00 | Fax 163 03 33 | www.hotelcristall.de | Bahnen und Busse: Breslauer Platz oder Dom/Hbf.*

Sanftes Schlummern unterm Himmelbett: Antik-Hotel Bristol

HOTELS €€€

ANTIK-HOTEL BRISTOL ★ [110 B1]
Das Besondere hat seinen Preis: Verbringen Sie z.B. die Nacht in einem handgeschnitzten alten Bauern- oder in einem vergoldeten Himmelbett. *42 Zi. | Kaiser-Wilhelm-Ring 48 | Tel. 12 01 95 | Fax 13 14 95 | www.antik-hotel-bristol.de | Bahnen und Busse: Christophstr./Mediapark*

HILTON COLOGNE HOTEL [111 D2]
Designhotel der Fünf-Sterne-Kategorie in einem denkmalgeschützten Gebäude, zentral gelegen: zwei Minuten sind es zu Fuß bis zum Dom. Ebenfalls empfehlenswert: ein Drink in der Ice-Bar. *296 Zi. | Marzellenstr. 13–17 | Tel. 13 07 10 | Fax 13 07 20 | www.hilton.de | Bahnen und Busse: Dom/Hbf.*

Insider Tip

> www.marcopolo.de/koeln

HOPPER HOTEL ST. ANTONIUS ★ [114 B3]
1905 als Kolping-Gesellenheim errichtet, später zum Vier-Sterne-Hotel umgebaut: historische Bausubstanz, moderne Fotokunst an den Wänden und der Komfort dezent-individuellen Interieurs. PC- und Internetangebot. *39 Zi., 15 Suiten | Dagobertstr. 32 | Tel. 166 00 | Fax 166 01 66 | www.hopper.de | Bahnen und Busse: Ebertplatz*

LINDNER HOTEL DOM RESIDENCE [111 D2]
„Lebens Art zwischen Dom und Messe" steht über dem Eingang in der Wand aus blauen Glasbausteinen. Sachlich-freundliche Atmosphäre, aufmerksamer Service. *125 Zi. | An den Dominikanern 4 a | Eingang Stolkgasse | Tel. 164 40 | Fax 164 44 40 | www.lindner.de | Bahnen und Busse: Dom/Hbf.*

MARITIM [111 E4]
Große, verglaste Halle mit diversen Läden und Lokalen. Perfekte Kongresslogistik, Schwimmbad, Fitnessbereich. *454 Zi. | Heumarkt 20 | Tel. 202 70 | Fax 202 78 26 | www.maritim.de | Bahnen und Busse: Heumarkt*

THE NEW YORKER HOTEL [115 D2–3] Insider Tipp
Designerhotel im früheren Mülheimer Industriegebiet. *37 Zi., 3 Suiten | Deutz-Mülheimer-Str. 204 | Tel. 473 30 | Fax 473 31 00 | www.thenewyorker.de | Bus 250: Danzierstraße*

HOTEL SAVOY ★ [114 A3]
Vielleicht sitzt beim Frühstück Götz George am Nachbartisch, denn das eigenwillig gestaltete Hotel ist bei Schauspielern und Medienleuten sehr beliebt. *102 Zi. | Turiner Str. 9 | Tel. 162 30 | Fax 162 32 00 | www.savoy.de | Bahnen und Busse: Breslauer Platz*

HOTELS €€

ATRIUM RHEINHOTEL [0]
Das Haus liegt 8 km vom Zentrum entfernt und ist daher für PKW-Reisende bestens geeignet. Ruhige Lage in einer Seitenstraße, komfortable

MARCO POLO HIGHLIGHTS

★ **Antik-Hotel Bristol**
Im vergoldeten Himmelbett nächtigen (Seite 80)

★ **Hopper Hotel St. Antonius**
Designhotel mit Geschichte (Seite 81)

★ **Hotel Savoy**
Stammhotel der Schauspielprominenz (Seite 81)

★ **Falderhof**
Nobler Komfort im Gutshof (Seite 83)

★ **Hopper Hotel et cetera**
Im ehemaligen Kloster: Design statt karger Mönchszelle (Seite 83)

★ **Chelsea**
Künstlerfeeling pur (Seite 84)

★ **Hotel Regina**
Klein, persönlich, günstig (Seite 84)

★ **Hotel Rheinblick**
Der Name sagt's: schöne Aussicht (Seite 85)

Einrichtung. *48 Zi. | Karlstr. 2–12 | Rodenkirchen | Tel. 93 57 20 | Fax 93 57 22 22 | www.atriumrheinhotel.de | Bus 130: Frankstraße | U 16: Rodenkirchen*

BRENNER'SCHER HOF **[0]**
Der Gutshof aus dem 18. Jh. präsentiert sich in vornehm-gediegener Einrichtung. Für Dauergäste steht ein Apartmenthaus zur Verfügung. Das Hotel liegt rund 9 km vom Dom entfernt. *41 Zi. und Suiten | Wilhelm-von-Capitaine-Str. 15–17 | Tel. 948 60 00 | Fax 94 86 00 10 | www.brennerscher-hof.de | U 1: Junkersdorf*

CLASSIC HOTEL HARMONIE **[111 D1]**
Aircondition und Modemanschluss in den „de luxe"-Zimmern. Entspannen Sie auf der Dachterrasse und im begrünten Innenhof. *72 Zi. | Ursula-*

> LUXUSHOTELS

Exquisites Wohnen und Übernachten

EXCELSIOR HOTEL ERNST **[111 D-E2]**
Seit 1863 eine noble Adresse im Schatten des Doms. Unterm Dach lädt ein großer Fitnessraum mit Sauna zur Entspannung ein. Für Konferenzen, Bankette, Tagungen etc. stehen 12 Säle zur Verfügung. Ab 270 Euro. *108 Zi. und 34 Suiten | Domplatz | Tel. 27 01 | Fax 270 33 33 | www.excelsiorhotelernst.de | Bahnen und Busse: Dom/Hbf.*

DOM HOTEL KÖLN **[111 E2]**
1857 wurde der palastartige Bau mit seiner heute denkmalgeschützten Fassade in Betrieb genommen. Geschmackvolle Einrichtung, zusammengestellt aus Traditionellem und Modernem. 180–505 Euro. *124 Zi. | Domkloster 2 a | Tel. 202 40 | Fax 202 44 44 | www.starwoodhotels.com | Bahnen und Busse: Dom/Hbf.*

PULLMAN COLOGNE **[110 B2]**
„Hofburg" des Kölner Dreigestirns, das hier vom Tag der Prinzenproklamation Anfang Januar bis Aschermittwoch nächtigt. Fitnessbereich und Sauna. Ab 148 Euro. Entspannt speisen können Sie in den Restaurants „Delight" und „George M", außerdem im Haus: die Bar „E.L.F.". *275 Zi. | Helenenstr. 14 | Tel. 27 50 | Fax 275 13 01 | www.pullmanhotels.com | Bahnen und Busse: Appellhofplatz*

HOTEL IM WASSERTURM **[110 C5]**
Designerhotel in einem 130 Jahre alten, denkmalgeschützten Gebäude. 236–385 Euro. *88 Zi. | Kaygasse 2 | Tel. 200 80 | Fax 200 88 88 | www.hotel-im-wasserturm.de | U-Bahnen: Poststraße*

HYATT REGENCY KÖLN **[114 B4]**
Von der Badewanne in der Kennedy Suite schauen Sie auf den Dom. Die 6. Etage ist für den exklusiven Regency Club reserviert. Aber auch alle anderen Zimmer haben Modemanschluss, interaktives TV und Video-Playstation. Fitnessstudio, Sauna, Dampf- und Schwimmbad. 180–305 Euro. *306 Zi. Kennedy-Ufer 2 a | Tel. 828 12 34 | Fax 828 13 70 | www.cologne.regency.-hyatt.com | U-Bahnen: Deutzer Freiheit oder Bf. Deutz/Messe*

platz 13–19 | Tel. 165 70 | Fax 165 72 00 | www.classic-hotel-harmonie.de | Bahnen und Busse: Dom/Hbf.

ESPLANADE [110 A5]
Schrilles Design in Foyer und Frühstücksraum: 50er-Jahre-Schick mit futuristischen Anklängen des 21. Jhs. Die Zimmer sind dezenter eingerichtet. Zentrale Lage. *32 Zi. | Hohenstaufenring 56 | Tel. 921 55 70 | Fax 21 68 22 | www.hotelesplanade.de | Bahnen und Busse: Zülpicher Platz*

FALDERHOF ★ [0]
Fränkische Hofanlage, schönes altes Fachwerkhaus in abgeschiedener Lage, ca. 9 km vom Dom. Ein liebevoll eingerichtetes, gemütliches Hotel. *33 Zi. | Falderstr. 29 | Tel. 02236/ 96 69 90 | Fax 96 69 98 | www.falderhof.de | U 16: Sürth*

FLANDRISCHER HOF [110 A3]
Nur 2 Min. vom Rudolfplatz entfernt. Große Zimmer, modern-komfortable Einrichtung. *195 Zi. | Flandrische Str. 3–11 | Tel. 203 60 | Fax 203 61 06 | www.flandrischerhof.de | Bahnen und Busse: Rudolfplatz*

LANDHAUS GUT KEUCHHOF [0]
Denkmalgeschützter Gutshof nah am Bahnhof Lövenich (10 Min. Fahrtzeit bis Köln Hbf.). Alle Zimmer sind modern möbliert. *43 Zi. | Braugasse 14 | Tel. 02234/94 60 00 | Fax 946 00 58 | www.keuchhof.de | Busse 141, 145, DB: Lövenich*

HOPPER HOTEL ET CETERA ★ [113 D5]
Namenspatronen sind der Maler Edward Hopper und der Schauspieler Dennis Hopper. Das ehemalige Kloster der Barmherzigen Brüder von Montabaur ist mit Designermöbeln, Eukalyptusparkett und Marmorbädern ausgestattet. *49 Zi. | Brüsseler Str. 26 | Tel. 92 44 00 | Fax 92 44 06 | www.hopper.de | Busse 136, 146: Roonstraße | U-Bahnen: Rudolfplatz*

Das palastartige Dom Hotel liegt direkt neben dem Dom

LINT HOTEL KÖLN [111 E3]
Das Hotel liegt in der Altstadt und verfügt über einen hellen Bistroraum zum Frühstücken. Die Zimmer sind klein, aber modern und freundlich eingerichtet. *18 Zi. | Lintgasse 7 | Tel. 92 05 50 | Fax 920 55 55 | www.lint-hotel.de | Bahnen und Busse: Dom/Hbf. oder Heumarkt*

Ungewöhnlich: Künstlerhotel Chelsea

HOTEL SANTO [114 B3]
Designerhotel nahe der Musikhochschule, 10 Min. Fußweg vom Hauptbahnhof. *69 Zi. | Dagobertstr. 22–26 | Tel. 913 97 70 | Fax 913 97 77 77 | www.hotelsanto.de | Bahnen und Busse: Ebertplatz*

Insider Tipp

HOTEL VIKTORIA [114 B2]
Geschmackvolle, wilhelminische Villa in der nördlichen Neustadt. Klassizistisches Baudenkmal mit Erkern, Marmor an den Wänden, Wand- und Deckenmalereien. *47 Zi. | Worringer Str. 23 | Tel. 973 17 20 | Fax 72 70 67 | Bahnen und Busse: Reichensperger Platz*

HOTELS €

ACCENT HOTEL SEVERIN [118 B1]
Preiswertes Hotel in geschickter Lage mitten im urkölschen Severinsviertel. Angeschlossenes Bistro-Restaurant. *17 Zi. | Severinstr. 61 | Tel. 931 86 70 | Fax 93 18 67 77 | www.hotel-accent.de | Bahnen und Busse: Chlodwigplatz*

HOTEL ARKADIA [115 E3]
Rustikal-gemütliches Hotel garni in Messenähe. *32 Zi. | Gaußstr. 29–31 | Tel. 88 30 31 | Fax 88 10 49 | www.hotel-arkadia.de | U 3, 4: Stegerwaldsiedlung*

CHELSEA ★ [113 D5]
Die Dachzone des Künstlerhotels mit sieben Luxuszimmern hat der Architekt Hartmut Gruhl in dekonstruktivistischem Stil ausgebaut. *38 Zi. | Jülicher Str. 1 | Tel. 20 71 50 | Fax 23 91 37 | www.hotel-chelsea.de | Busse 136, 146: Roonstraße | U-Bahnen: Rudolfplatz*

DAS KLEINE STAPELHÄUSCHEN [111 E–F3]
Rustikal-romantisches Baudenkmal, eng und winklig. Nicht jedes Zimmer hat Dusche und WC. *30 Zi. | Fischmarkt 1–3 | Tel. 272 77 77 | Fax 257 42 32 | www.koeln-altstadt.de | Bahnen und Busse: Heumarkt*

IM KUPFERKESSEL [110 B1]
Ein persönlich-familiär geführtes einfaches, aber gepflegtes Hotel nahe St. Gereon. Für die Lage ist es spottbillig. *13 Zi. | Probsteigasse 6 | Tel. 270 79 60 | Fax 27 07 96 29 | www.im-kupferkessel.de | Bahnen und Busse: Christophstraße/Mediapark*

HOTEL REGINA ★ [112 B3]
In Ehrenfeld mit seinen Szenekneipen und multikulturellem Flair. Liebevoll-familiäre Führung, Parkplatz

im Hof. *17 Zi. | Vogelsanger Str. 273–275 | Tel. 954 42 60 | Fax 954 42 66 | www.regina.de | U 3, 4: Äußere Kanalstraße*

HOTEL RHEINBLICK ★ **[0]**

Kleines Haus mit plüschig-familiärer Atmosphäre am Rhein. Hallenbad, Sauna. Im schönen Wintergarten wird das Frühstück serviert. *16 Zi. | Uferstr. 20 | Rodenkirchen | Tel. 340 91 40 | Fax 39 21 39 | Bus 130: Uferstraße*

HOTEL WEBER **[110 B5]**

Kleines Familienhotel, verkehrsgünstige Lage. *27 Zi. | Jahnstr. 22 | Tel. 27 22 99 50 | Fax 272 29 95 40 | www.hotelweber.de | Bahnen und Busse: Zülpicher Platz*

FÜR JUNGE LEUTE

HOSTEL AM RHEINAUHAFEN & GREEN BAR **[111 E4]**

Einzelzimmer So–Do 39 Euro, Fr/Sa 49 Euro. Messepreise und Preise zu Karneval und Silvester auf Anfrage. WC/Dusche auf der Etage. Apt. mit Küche und Bad für zwei Personen 80 Euro (Wochenende 100 Euro). *Rheingasse 34–36 | Tel. 23 02 47 | www.am-rheinauhafen.de | Bahnen und Bus 132: Heumarkt*

JUGENDHERBERGE KÖLN-DEUTZ **[114 C5]**

24,30 Euro für Junioren, Familien und Gruppen im Mehrbettzimmer, EZ 40,60 Euro, DZ 61 Euro, zu Messen für EZ/DZ Einheitspreis 76 Euro. *506 Betten | Siegesstr. 5 | Tel. 81 47 11 | www.jugendherberge.de/jh/rheinland/koeln-deutz | Busse 153, 170, 250, 260, U 1, 4, 9, 14: Bf. Deutz/Messe*

MEININGER CITY HOSTEL & HOTEL KÖLN **[110 A5]**

57 Zi. mit 1–6 Betten, 2-Sterne-Standard. EZ ab 43 Euro, Übernachtung im 6-Bett-Zi. ab 20 Euro, inkl. Bettwäsche und Handtuch. *Engelbertstr. 33–35 | Tel. 335 33 20 14 | www.meininger-hostels.com | Bahnen und Busse: Rudolfplatz*

STATION HOSTEL FOR BACKPACKERS **[111 D1]**

Heiter gestaltete, einfache Zimmer. Von 17 Euro im Sechsbettzimmer bis 37 Euro im Einzelzimmer mit Bad. *16 Zi., 59 Betten | Marzellenstr. 44–56 | Tel. 912 53 01 | Fax 912 53 03 | www.hostel-cologne.de | Bahnen und Busse: Dom/Hbf.*

>LOW BUDGET

- Fünf einfache, aber freundlich und individuell eingerichtete Zimmer mit privater Waschgelegenheit, Etagenduschen und -toiletten bietet die *Pension Otto (***[113 D6]*** Richard-Wagner-Str. 18 | Tel. 25 29 77 | www.pensionotto.de | Bahnen und Busse: Rudolfplatz)*
- Auch die Pension Jansen *(***[113 D6]*** Richard-Wagner-Str. 18 | Tel. 25 18 75 | www.pensionjansen.de | Bahnen und Busse: Rudolfplatz)* liegt im Belgischen Viertel mit seinen zahlreichen Szenekneipen und -restaurants.
- Nach dem britischen „Bed and Breakfast"-Prinzip können Sie auch in Privaträumen nächtigen. Adressen vermittelt die *Homestay Agengy Köln (Steinfeldergasse 33 | Tel. 130 69 00 | www.homestay-agency.de | U-Bahnen: Appellhofplatz).*

MÄRCHENHAFTE SCHOKO-KÜSSE

Nicht nur das Schokoladenmuseum ist ein Paradies für Kinder – auch sonst bietet Köln jede Menge Abenteuer

ALTE FEUERWACHE [113 F3]
In diesem Restaurant in der Nordstadt essen Sie in Ruhe auf der Terrasse, während die Kleinen an den Klettergerüsten im Hof beschäftigt sind. *Tgl. ab 10 Uhr | Melchiorstr. 3 | Tel. 973 15 50 | www.lokal-koeln.de | Bahnen und Busse: Ebertplatz | €*

BAUSPIELPLATZ FRIEDENSPARK [118 B2]
Auf dem großen hölzernen Piratenschiff im Hof des alten Preußen-Forts können Kinder nach Herzenslust herumklettern, Bretter zersägen, bearbeiten und festnageln. Bei schlechtem Wetter wird im Inneren der Kasematten gespielt. *Mo–Fr 13–18 Uhr | Hans-Abraham-Ochs-Weg 1 | Tel. 37 47 42 | www.jugz.de | Bahnen und Busse: Ubierring*

DEUTSCHER MÄRCHENWALD ALTENBURG [121 D2]
Der Rundwanderweg ist ausgestattet mit einzelnen Guckkastenstationen, die Szenen aus Grimms Märchen illustrieren und die Heinzelmännchen von Köln thematisieren. Manche der liebevoll gestalteten Figuren bewegen sich auf Knopfdruck oder nach Einwurf eines Geldstücks. Attraktion des angeschlossenen Restaurants sind die Wasserspiele „Tanzende Fontänen". *Tgl. 9–18 Uhr | Märchenwaldweg 15 | Odenthal-Altenberg | Eintritt Erwachsene 4,50 Euro, Kinder ab drei Jahren 2,50 Euro | Tel. 02174/40454 | www.deutschermaerchenwald.de | Anfahrt ab Wiener Platz Bus 434 oder S 11 Bergisch Gladbach, dann Bus 430 | Mit dem Auto B 51 Berliner Str., Odenthaler Str., Schildgen-Odenthal-Altenberg*

IMHOFF-SCHOKOLADEN-MUSEUM [111 F5]
Im Schokoladenmuseum erleben nicht nur Kinder staunend, wie aus Rohkakao Schokolade gemacht wird. Die kleinen Gäste können mit Schokolade malen, Marzipanfigürchen basteln und erfahren in der „Kleinen Schoko-Schule" süße Lehrstunden. Das ✱ Café bietet einen

> MIT KINDERN UNTERWEGS

herrlichen Panoramablick auf die architektonische Schokoladenseite von Köln. *Di–Fr 10–18, Sa, So 11–19 Uhr | Rheinauhafen 1 a | Eintritt 7,50 Euro | www.schokoladenmuseum.de | Bus 106: Schokoladenmuseum | U 12, 7, 9: Heumarkt | U 3, 4: Severinstraße*

KÖLNER KÜNSTLER THEATER [112 C3]
Das Haus hat sich auf Lesungen von Kinderbuchautoren sowie Kindertheater mit Stücken für Drei- bis Dreizehnjährige spezialisiert, die jeweils 45 bis 60 Min. dauern. *Stammstr. 8 | Karten: 0221/ 510 76 86 | www.k-k-t.de | U 3, 4: Venloer Straße/Gürtel*

RESTAURANT TAVERNAKI [118 B2]
Das besonders familienfreundliche Lokal in der Südstadt hat sogar ein eigenes Spielzimmer samt Matrazen und Kissen für den Nachwuchs eingerichtet. Die „Pänz", wie man Kinder in Köln nennt, stören hier niemanden, wenn sie laut herumtoben. Und Souvlaki und Pommes gibt's selbstverständlich auch als Kinderportionen. *Tgl. ab 18 Uhr | Alteburger Str. 87 | Tel. 376 14 97 | Bahnen und Busse: Ubierring | €€*

VOLKSGARTEN [117 E–F2]
Wenn Sie mit der ganzen Familie einen schönen Sommertag in einem Park nicht weit vom Zentrum entfernt verbringen möchten, dann sind Sie hier richtig: Vom Biergarten aus können Sie zuschauen, wie die Kinder auf dem Weiher Tretboot fahren. Es gibt auch einen netten Spielplatz und große Wiesen zum Picknicken, Ball spielen und neue Freunde finden. *Eifelstr./ Volksgartenstr. | U 12: Eifelplatz*

WILDGEHEGE STADTWALD [112 A6]
Pfaue, Rehe, Gänse, Ziegen und andere Tiere laufen hier frei herum. Vor dem östlichen Eingang finden Sie im Sommer eine Ponyreitstation und am Wochenende auch ein Bimmelbähnchen. *Tgl. 9 Uhr bis Einbruch der Dunkelheit | Kitschburger Str. | U 13: Dürener Straße/Gürtel*

> KIRCHEN, KUNST UND KALLENDRESSER

Bei einem Spaziergang durch Köln liegen Heiliges und Profanes nah beieinander

Die Spaziergänge sind auf dem hinteren Umschlag und im Cityatlas grün markiert

1 DEN RÖMERN UND KÜNSTLERN AUF DER SPUR

Die ersten Migranten, die nach Köln kamen, waren die Römer. Die damalige Garnisonsstadt umfasste einen Quadratkilometer. Dieser Spaziergang führt Sie auf dem letzten Wegstück an der nördlichen Seite der alten Römermauer entlang, von der einige Relikte im Stadtbild noch sichtbar sind. Außerdem erleben Sie auf dieser Tour Köln als Kunststadt. Die reine Wegstrecke beträgt etwa 3 km und dauert rund 40 Minuten.

An der nordwestlichen Ecke der Domplatte, gegenüber dem Verkehrsamt, steht das **Römische Nordtor** *(S. 33)*,ein Teil der römischen Stadtbefestigung, von dem aus die Hauptstraße, der *Cardo Maximus*, nach Süden verlief. Der Architekturstil des **WDR-Funkhauses am Wallrafplatz** ist typisch für die Wiederaufbauphase der unmittelbaren Nachkriegszeit. Vom

Bild: WDR-Funkhaus am Wallrafplatz

STADT SPAZIERGÄNGE

Wallrafplatz geht nach rechts die Straße An der Rechtschule ab. Am Ende des **Museums für Angewandte Kunst** *(S. 37)* biegen Sie nach links auf den Kolpingplatz ab. Das **Kolpingdenkmal** ein paar Schritte weiter erinnert an den „Gesellenvater“ Adolf Kolping, der in St. Maria Empfängnis, der Minoritenkirche, die Priesterweihe empfing und dort auch begraben wurde. Modernes gibt's hier auch zu sehen: An der Ecke zur Drususgasse/Minoritenstraße wurde eine abstrakte **Stele von Michael Croissant** (1993) aufgestellt. Einige Meter links steht vor der Kirche auf dem Bürgersteig eine ebenfalls moderne **Plastik des Bildhauers Carlo Wloch** (1992). Sie zeigt den Kölner Astronomen Johann Adam Schall von Bell, der im 17. Jh. zeitweise am chinesischen Kaiserhof lebte.

Überqueren Sie die Minoritenstraße und folgen Sie dann der Kolumbastraße mit dem Kunstmuseum **Kolumba**

(S. 37). An der Brückenstraße geht's nach rechts. Wenn Sie die Tunisstraße überquert haben, gelangen Sie in die Glockengasse. Links liegt der Offenbachplatz mit **Oper** und **Schauspielhaus**, rechts sehen Sie das **Stammhaus von „4711 – Eau de Cologne"** *(S. 18)*. Der weitere Spazierweg führt nach rechts in die Neue Langasse und an der nächsten Ecke nach links auf die Breite Str. Hier lockt die Einkaufspassage **DuMont-Carré** *(S. 68)*. Den Leckereien bei **Printen Schmitz** *(S. 65)* können Sie bestimmt nicht widerstehen. Der **Juwelier Peter Güls** *(Breite Str. 97)* bietet Schmuck exklusiver Nobelmarken und eigene Entwürfe an.

Lust auf Muscheln? Im urkölschen **Bieresel** *(S. 54)* gibt es im Winter zwei Dutzend verschiedene Varianten. Insider Tipp Hinten im Wintergarten finden Sie fast immer noch einen Platz. Für einen kleinen Happen steuern Sie vorne die Schänke an oder genießen auf der Straßenterrasse bei einem Glas Kölsch das pulsierende Leben.

Ein Stückchen weiter zweigt die Albertusstraße mit ihren Galerien ab. In jüngster Zeit konzentriert sich der Handel mit Kunst und Antiquitäten mehr auf die Parallelstraße, die St. Apern Straße. Junge Fotografen und Designer zeigt die **Art Galerie 7** *(St. Apern Str. 7)*, figurative Malerei die **Galerie Henseleit** *(Nr. 44–46)*, Avantgarde-Positionen vertritt direkt daneben die **Galerie Jöllenbeck** *(Nr. 40)*.

Die St. Apern Straße ist übrigens die westliche Begrenzung der alten Römerstadt. Davon ist an der nächsten Ecke noch der **Römerturm** *(S. 37)* erhalten mit seinen ornamentalen Verzierungen im Mauerwerk. Schräg gegenüber auf der anderen Straßenseite sehen Sie das **Galerienhaus** von Dr. Ralf-P. Seippel *(Zeughausstr. 26)*, der auf drei Etagen junge Künstler aus Australien und Südafrika ausstellt. Bis zum Dom ist es nun exakt 1km entlang der alten Römermauer, von der einen Häuserblock weiter ein Teilstück original erhalten ist. Im Zeughaus mit den Stufengiebeln residiert das **Kölnische Stadtmuseum** *(S. 39)*, direkt dahinter steht der neoklassizistische **Römerbrunnen** *(S. 37)*. Überqueren Sie die Tunisstraße, schauen Sie sich an der rechten Ecke die Fundamente des römischen **Lysolphturms** an und kommen Sie dann zur letzten Station: die romanische Kirche **St. Andreas** *(S. 38)*, deren Umgebung der Bildhauer Ansgar Nierhoff in den 1990er Jahren mit „Vier Kugeln und vier Quadern" gestaltet hat.

2 STATIONEN KÖLSCHER EIGENART

Die Kölner haben ihnen Denkmäler gesetzt und Brunnen gestiftet – den Helden, Filous und Originalen der Stadt. Diese Plastiken stehen für die Mentalität und Identität der Einheimischen. Und zu dieser Identität gehört auch die Besinnung auf die Glanzzeit, als Köln im Mittelalter die größte Stadt Deutschlands war. Für die rund 4 km sollten Sie etwas mehr als eine Stunde einplanen.

Die Helden unzähliger kölscher Witze ehrt das **Tünnes und Schäl-Denkmal** *(S. 34)*. Tünnes gehörte schon 1802 zum Ensemble des Hänneschen-Stockpuppentheaters, das Johann Christoph Winter begründete. Ab 1847 machte ihm Franz Andreas Millowitsch Konkurrenz, und in dieser Zeit tauchte dann auch die Figur des Schäl in diesem Puppentheater auf. Ein paar Meter weiter informiert die **Schmitz-Säule**, dass sich hier einst die Römer mit den Ubiermädchen trafen und den Stammbaum der Familie Schmitz begründeten, die im Telefonbuch heute acht Seiten füllt. Wenn Sie die Lintgasse überqueren, führt eine Passage zum **Ostermannbrunnen** *(S. 31)* mit Figuren aus den Liedern des Volkssängers. Durch die Passage auf der anderen Platzseite erreichen Sie die Salzgasse. Wenden Sie sich nach links Richtung Rhein, etwas weiter geht rechts die äusserst schmale Tipsgasse mit dem **Millowitsch-Denkmal** und dem **Hänneschen-Theater** ab. Die kurzweiligen Vorstellungen sind zwar auf kölsch, die Kindervorstellungen am Nachmittag (Insider Tipp) bieten Ihrem Nachwuchs trotzdem ein schönes Erlebnis.

Folgen Sie der Treppe nach unten und der Salzgasse bis zum Rheinufer. Nun spazieren Sie direkt am Rhein entlang nach Norden, vorbei am **Rheingarten** *(S. 29)*, unter der Hohenzollernbrücke hindurch mit Blick auf die alten Messehallen (heute Sitz von RTL) und den Rheinpark auf der anderen Flussseite. An der **Bastei** *(S. 42)* ist das mittelalterliche Köln zu Ende, sie ist bereits Teil der preußischen Stadtbefestigung im 19. Jh. Doch der Turm auf der anderen Straßenseite stammt aus der Zeit um

Besuch bei den Kölner Originalen: Tünnes-und-Schäl-Denkmal0

1400 und wird Weckschnapp (S. 44) genannt. Er gehörte zur mittelalterlichen Kunibertstorburg und wurde als Stadtgefängnis genutzt.

Über den Thürmchenswall und den Gereonswall spazieren Sie an der mittelalterlichen Stadtumwallung entlang, von der aber heute nur noch die Eigelsteintorburg (S. 42) übrig geblieben ist. An der Weidengasse (S. 44) geht's nach links, vorbei an skurrilen Trödelläden und exotischen türkischen Geschäften – hier fühlen Sie sich wie im Orient. Über den Eigelstein und die Marzellenstraße gelangen Sie zurück zum Dom (S. 25). An die Südseite der Domplatte (Roncalliplatz) liegt die Straße Am Hof mit dem Heinzelmännchen-Brunnen (S. 29). Den Abschluss der Tour bildet auf dem Alten Markt das Haus Nr. 24, wo Ihnen an der Dachrinne die Figur des Kallendressers (S. 24) sein entblößtes Gesäß entgegenstreckt.

3 IM KÖLNER BERMUDA-DREIECK

Im „Bermudadreieck" der Kölner Shopping-Meile verschwinden keine Schiffe, sondern Geldscheine in den Kassen der Boutiquen. Diese Tour führt Sie durch kuriose Läden, alte Kirchen und repräsentative Architektur der 1950er-Jahre. Ohne längere Aufenthalte an den einzelnen Stationen dauert diese Tour etwa eine Stunde.

Der Neumarkt wurde im Mittelalter als Viehmarkt und in der Preußenzeit (19. Jh.) als Militärübungsplatz genutzt, 1823 verliefen hier die ersten „modernen" Rosenmontagszüge. Von hier aus sehen Sie deutlich St. Aposteln (S. 38), mit 65 m die höchste der romanischen Kirchen Kölns. Und da Konrad Adenauer, von 1917 bis 1933 und 1945 Kölner Oberbürgermeister, das Apostelngymnasium besucht hatte, stellte man an der Nordseite der Kirche das Adenauer-Denkmal auf. An der Apostelnstraße finden Sie Traditionsgeschäfte wie Filz Gnoss (S. 69) als Spezialist für Loden und Pantoffeln oder in Haus Nr. 25 die Bäckerei Balkhausen. Hier gibt es noch heute ein „Adenauer-Brot" zu kaufen. Das Rezept ließ sich der Politiker patentieren. Damit sollten die Kölner die Hungerjahre des Ersten Weltkriegs überstehen.

Wechseln Sie die Straßenseite: Bei Wild Geflügel Brock (Apostelnstr. 44) sind Enten und Kaninchen in der Auslage ausgebreitet wie in einem alten flämischen Stillleben. Auf der Ehrenstraße flanieren Sie an Boutiquen und Schuhläden vorbei, die alles verkaufen, was in den Szeneclubs heute angesagt ist. Leider weichen jetzt nach und nach – wie in so vielen anderen deutschen Städten auch – die kleinen Trendläden den großen Markenanbietern. Doch es halten sich immer noch kuriose Lädchen wie die Puppenklinik (S. 68) und alteingesessene Familienbetriebe wie das Käsehaus Wingenfeld (S. 65). Über den Hohenzollernring gelangen Sie zum Friesenplatz mit dem nüchtern-kühlen Gerling-Gebäude (S. 48) von Sir Norman Foster. Über den Friesenwall und den Hildeboldplatz erreichen Sie den Gereonshof mit den deutlich protzigeren, ab 1950 entstandenen Bauten des Versicherungskonzerns.

Am Ende dieses Komplexes zweigt nach links ein Durchgang

zum **Gereonskloster** ab, wo an einem kleinen, lauschigen Park **St. Gereon** *(S. 39)* liegt. Kunsthistoriker bescheinigen dieser großartigen spätstaufischen Kirche, sie habe die bedeutendste Kuppelwölbung zwischen der Hagia Sophia in Istanbul und der Florentiner Domkuppel.

Über die Mohrenstraße, auf dem Berlich und über die Schwalbengasse gelangen Sie zu **St. Maria** in der Kupfergasse, einer der wenigen Barockkirchen Kölns. Hier sollten Sie einen Stopp einlegen: Sehenswert ist die Loretokapelle mit dem Gnadenbild der „Schwarzen Mutter Gottes".

Auf der Neven-DuMont-Straße kommen nun die Fans von Altertümern auf ihre Kosten: Vielleicht stöbern Sie ein wenig im **Antiquariat Buchholz** *(S. 63)* in den Folianten oder taxieren beim **Kölner Münzkabinett** oder bei **Antiquitäten Katebi** byzanthinische Geldstücke, römische Öllampen und 300 Jahre alte Kruzifixe. Über die Neue Langgasse und Am Alten Posthof führt Sie die letzte Etappe in die Richmodstraße, wo am **Richmodisturm** zwei Pferdeköpfe oben aus dem Fenster schauen. Richmodis von Aducht war 1357 vermeintlich an der Pest gestorben, in Wirklichkeit aber nur scheintot. Gerade als Grabräuber ihren Schmuck stehlen wollten, erwachte sie wieder und erschreckte die Diebe. Ihr Ehemann wollte das allerdings nicht glauben und meinte, eher kämen seine Pferde die Treppe herauf, als dass seine Frau noch leben würde. In diesem Augenblick ertönte lautes Hufgetrappel im Treppenflur …

In der Ehrenstraße können Sie nicht nur in Boutiquen stöbern

EIN TAG IN KÖLN

Action pur und einmalige Erlebnisse.
Gehen Sie auf Tour mit unserem Szene-Scout

AUFWACHEN

8:00

Zum Frühstück geht's ins *Café Café*. So funktioniert das Special Breakfast: Auf dem Tisch stehen Brotaufstriche, der Rest wird einzeln dazubestellt. Lust auf mehr? Noch einen der fruchtigen Smoothies mit auf den Weg nehmen! **WO?** *Aachener Str. 45 | www.cafecafe.de*

8:30

STADTRALLYE

Die Segway-Stadtrallye ist eine witzige Art, die Stadt zu erkunden. Aufsteigen und los geht's. Doch Augen auf! Nur so lässt sich der richtige Weg finden und die kniffligen Fragen beantworten. **WO?** *Segway Tours Cologne | Kosten: 79 Euro/4 Std. | Tel. 0221/16 87 25 11 | www.segway-tours-cologne.de*

6-FÜSSLER-ALARM

12:30

Jetzt gibt's eine Extraportion Eiweiß – und nicht nur das! Beim Insektenkochkurs wird gebrutzelt, geknackt und natürlich auch probiert. Die mutigen Insekten-Maîtres erfahren, welche Krabbeltierchen am besten schmecken und wie man sie würzig zubreitet. Hmm, lecker!? **WO?** *Kosten: 59/3 Std. | Anmeldung drei Tage vorher unter:0180/560 60 88 | www.jochen-schweizer.de*

14:30

FREESTYLE-FRISBEE

Weiter an den Aachener Weiher, die grüne Lunge des szenigen Belgischen Viertels. Enten füttern, relaxen, die Stadt an sich vorbeiziehen und runde Plastikscheiben durch die Luft flitzen lassen. Freestyle-Frisbee ist ein absoluter Trendsport in der Domstadt, die coolsten Moves und Tricks werden mit bewundernden Blicken quittiert! **WO?** *Aachener Weiher*

24h

AB IN DIE BLUE BOX!

16:00

Wie funktioniert überhaupt eine Blue Box? Wer misst die Einschaltquoten? Wer sind die Menschen hinter den Kulissen? Bei der Tour durch die Studios der *Magic Media Company*, wo z.B. *Die Oliver Geißen Show* und *Genial daneben* mit Hugo Egon Balder aufgezeichnet werden, gibt es eine gebündelte Ladung TV-Wissen, und Medienmacher verraten, wie Sie arbeiten. **WO?** *Hans-Böckler-Str. 163 | Hürth | Kosten: 10 Euro/Std. | Anmeldung unter: www.ticketagenten.de*

18:00

AUF DEN SPUREN VON JAMES BOND

Ob es einen geschmacklichen Unterschied zwischen geschütteltem und gerührtem Martini gibt, erfährt man beim Cocktailkurs in der Bar *Zwoeinz*. Hier vergibt das *11 cl-Team* die Lizenz zum Mixen. Der Lohn der angehenden Bartender: Die Cocktails werden gleich verköstigt. **WO?** *Hochstadenstr. 21 | Kosten: 44,99 Euro | Anmeldung unter:0172/2065220 | www.11cl.de*

CROSSOVER-KÜCHE

21:00

Wem der Magen knurrt, der ist im *Acht* an der richtigen Adresse. Viel Holz, unverputzte Backsteinwände und hohe Decken sorgen für rustikale Atmosphäre. Aus der offenen Küche kommen pfiffige Kreationen: Kaninchen-Rillette mit warmem Spinat-Schalottensalat bestellen und genießen. **WO?** *Spichern Höfe | Spichernstr. 10 | Tel. 0221/16818408 | So. Ruhetag*

23:00

KNEIPE MIT KICK

Kleingeld bereithalten! In Kölns Kickerkneipe Nr. 1 sind Plätze am Tischfußball die begehrtesten. Wer einmal den Favoriten herausgefordert hat und in Torstimmung ist, wird einen aufregenden Abend erleben. **WO?** *Gottes Grüne Wiese, Bismarckstr. 53 | Tel. 0221/5008353 | www.gottesgruenewiese.de*

> ZWISCHEN AHR UND ALTBIERGRENZE

Ein Tagestrip in die Umgebung Kölns führt Sie zu Weinbergen und Windmühlen

1 DAS AHRTAL

Rund 60 km südlich von Köln liegt eine der schönsten Landschaften der Eifel – die Ahr windet sich zwischen wuchtigen Felsen, tief eingekerbten Waldtälern und lieblichen Weinbergen hindurch. Etwa 45 Min. brauchen Sie über die Aachener Straße und dann vom Kreuz Köln-West über die A 1 und die A 61 bis zur Abfahrt 30 Bad Neuenahr/Ahrweiler. Mit dem Zug fahren Sie bis Remagen und steigen dann in die Regionalbahn um, die alle zwei Stunden bis nach Kreuzberg fährt.

Bad Neuenahr [121 D5] ist ein vornehmer Kurort mit penibel gepflegten Parks, Mineral- und Thermalquellen und mit einem Spielkasino. In den **Ahr-Thermen** *(tgl. 9–23 Uhr | Zweistundenkarte 9,90–10,90 Euro | Felix-Rütten-Str. 3 | www.ahrthermen.de)* erholen Sie sich u. a. mit Schwimmen,

Bild: Weinberge im Ahrtal

AUSFLÜGE & TOUREN

Sauna, Wassergymnastik, Aquaaerobic und Massagen.

Entspannung anderer Art bieten in unmittelbarer Nachbarschaft die sechs Säle der **Spielkasinos** *(tgl. 14–3 Uhr, Automatensäle tgl. 14–2 Uhr | Eintritt 3,50 Euro | Personalausweis erforderlich | Felix-Rütten-Str. 1 | www.spielbank-bad-neuenahr.de)* mit französischem und amerikanischem Roulette, Black Jack und Baccara. Ländlich-romantisch wirkt das benachbarte **Ahrweiler** mit seiner mittelalterlichen Stadtmauer und seinen winkligen Fachwerkhäusern. Hier beginnt Deutschlands größtes zusammenhängendes Rotweingebiet. Das können Sie zu Fuß über den 35 km langen **Rotweinwanderweg** erkunden oder mit dem Auto über die B 267 entlang der Ahr. Infos: *Tourismus und Service GmbH Ahr, Rhein, Eifel | Klosterstr. 3–5 | 53507 Marienthal | www.ahr-rhein-eifel.de*

2 BONN

„In Bonn regnet es oder die Schranken sind zu", lautet ein geflügeltes Wort. Aber auch nach dem Umzug von Regierung und Parlament nach Berlin hat Bonn noch einiges zu bieten, z.B. seine Museumsmeile. Mit der U 16 sind Sie vom Kölner Hbf. in 35 bis 40 Min. in der Bonner Innenstadt. Mit dem Auto sind es über die A 555 ca. 30 km. Sie kommen auch mit der DB bis Bonn Hbf.

Das Wahrzeichen **Bonns [121 D4]** ist die **Münsterbasilika**, die Sie 5 Min. zu Fuß vom Bahnhof entfernt finden. Sonst ist das historische Bonn durch die Barockzeit geprägt: Als Kurfürst Clemens August 1723 die Regentschaft antrat, ließ er das **Residenzschloss** vollenden, in dem sich seit dem 19. Jh. die Universität befindet. Aus dieser Epoche stammt auch das **Poppelsdorfer Schloss Clemensruhe** (1753), in dem ebenfalls Universitätsinstitute untergebracht sind.

Berühmtester Sohn der Stadt ist bekanntlich Ludwig van Beethoven. Sein **Geburtshaus** *(April–Okt. Mo–Sa 10–18, So 11–18 Uhr, Nov.–März Mo–Sa 10–17, So 11–17 Uhr, Führungen tgl. 14.30 Uhr | Eintritt 5 Euro | Tel. 0228/98 17 50 | www.beethoven-haus-bonn.de)* liegt in der Bonngasse 18–26. Von dort sind es nur ein paar Meter zum Marktplatz mit dem barocken **Rathaus** (1737).

Im **Haus der Geschichte** *(Di–So 9–19 Uhr | Eintritt frei | Willy-Brandt-Allee 14 | Tel. 0228/916 50 | www.haus-der-geschichte.de | U 16: Heussallee)* ist die Zeit von 1945 bis 1990 anschaulich dokumentiert: Schwarzmarktzeit, Wirtschaftswunderjahre, 68er-Generation.

Ein paar Minuten Fußweg in südlicher Richtung liegen das **Kunstmuseum Bonn** *(Di und Do–So 10–18, Mi 11–21 Uhr | Friedrich-Ebert-Allee 2 | Eintritt 5 Euro | Tel. 0228/77 62 60 | http://kunstmuseum.bonn.de)* und direkt daneben die *Kunst- und Aus-*

Mit dem Oldtimer ins Haus der Geschichte in Bonn

stellungshalle der Bundesrepublik Deutschland, abgekürzt **Bundeskunsthalle** *(Di, Mi 10–21, Do–So 10–19 Uhr | Eintritt 8 Euro Wechselausstellung, Kombi-Ticket für alles 14 Euro | Friedrich-Ebert-Allee 4 | Tel. 0228/917 10 | www.kah-bonn.de)*. In der ständigen Ausstellung des Kunstmuseums sehen Sie Zeichnungen von August Macke und den rheinischen Expressionisten, die vor dem Ersten Weltkrieg in Bonn lebten. Von Max Ernst enthält die Sammlung etliche Skulpturen. Außerdem sind die Künstler Joseph Beuys, Sigmar Polke und Gerhard Richter vertreten. Die Bundeskunsthalle zeigt regelmäßig zwei bis drei parallele Ausstellungen zur Kunstgeschichte, zur modernen Kunst und zur Wissenschaft, außerdem können Sie Konzerte und andere Veranstaltungen erleben.

Ein anschließender Spaziergang am Rhein bietet Ihnen einen wunderbaren Ausblick auf den Fluss und das Siebengebirge. Südlich des ehemaligen Regierungsviertels liegt der 160 ha große **Freizeitpark Rheinaue**. Von dort aus können Sie das Von-Sandt-Ufer nach Süden wandern. Nach etwa 30 Min. erreichen Sie das Ausflugslokal **Bastei** *(Von-Sandt-Ufer 1 | Tel. 0228/368 04 33 | www.bastei-bonn.de | €€)*. Oder bevorzugen Sie ein erleseneres Ambiente? Vorbei an alten Villen, Ruderclubs und dem Godesberger Schwimmbad sind es noch weitere 30 Min. bis zum **Rheinhotel Dreesen** *(Rheinstr. 45–49 | Tel. 0228/820 20 | www.rheinhoteldreesen.de | U 16: Godesberger Bahnhof | €€–€€€)* mit seinem großbürgerlich-wilhelminischen Flair und seiner Gourmetküche.

3 DRACHENFELS/ SIEBENGEBIRGE

Etwa 45 km südlich und eine knappe Dreiviertelstunde Autofahrt von Köln über die A 59 und die B 42 liegt der Drachenfels. Mit der Bahn (RE 8 oder 18) ab Köln Hbf. erreichen Sie den Bahnhof Königswinter in der gleichen Zeit. Stilecht ist die dreieinhalbstündige Fahrt mit dem Rheindampfer (tgl. von Ende März bis Okt., Hin- und Rückfahrt 25 Euro, Abfahrt an der Frankenwerft zwischen Hohenzollern- und Deutzer Brücke, Tel. 2088318, *www.k-d.com*).

Deutschlands nördlichstes Weinanbaugebiet liegt im Siebengebirge. Die Rebstöcke zwischen Königswinter und Rhöndorf bringen den „Drachenfelser Drachenblut“ hervor. Nehmen Sie sich Zeit zum Verkosten: Ein gemütliches Weinlokal etwas abseits des Rummels ist der **Jesuiter Hof – Weingut Pieper** *(Hauptstr. 458 | Königswinter | Tel. 02223/226 50 | www.weingut-pieper.de | €€)*.

Doch zunächst empfiehlt sich eine Wanderung durch die Wälder. Benannt ist der nördliche Ausläufer des rheinischen Schiefergebirges nach den sieben höchsten Erhebungen: Ölberg (460 m), Löwenburg (455 m), Lohrberg (435 m), Nonnenstromberg (335 m), Petersberg (331 m), Wolkenburg (324 m) und Drachenfels (321 m). Am **Drachenfels [121 D–E4]** soll Siegfried der Sage nach den Drachen erschlagen haben. Wenn Sie zu Fuß nach oben wollen: Die ersten 300 m sind wirklich sehr steil! Gut eine Stunde brauchen Sie bis zum Gipfel. Kindern macht es Spaß, auf dem Esel nach oben zu reiten. Wer's bequemer haben will, der nimmt die Zahnradbahn. Auf halber Höhe des Aufstiegs illustrieren die symbolistischen Gemälde in der **Nibelungenhalle** die Siegfried-Sage. Unmittelbar daneben liegt die **Drachenhöhle** mit einem großen steinernen Drachen und einem **Reptilienzoo** *(15. März–1. Nov. tgl. 10–18 Uhr, 2. Nov.–14. März Sa und So 11–16 Uhr | Eintritt 5 Euro | www.nibelungehalle.de)*.

Das **Schloss Drachenburg** *(April–Nov. Di–So 11–18 Uhr, im Winter außer Jan. auch So 11–16 Uhr | Drachenfelsstr. 118 | Eintritt 2,50 Euro inkl. Sonderausstellung | Tel. 02223/901970 | www.schloss-drachenburg.de)* ist 1884 in neogotischem Stil errichtet und von 1989 bis 2000 gründlich restauriert worden, die Arbeiten werden auch heute noch ständig fortgesetzt. Ein Rundgang vermittelt Ihnen einen Eindruck der Wohnkultur der Gründerjahre. In der Vorburg des Schlosses ist die **Dauerausstellung der Stiftung Archiv, Forum und Museum zur Geschichte des Naturschutzes in Deutschland** *(Di–So 11–18 Uhr |)* untergebracht. Lust auf eine kleine Rast? Auf halber Höhe des Eselsweges liegt das **Winzerhäuschen** mit einer Terrasse *(ganzjährig witterungsabhängig tgl. ab 11 Uhr, außerhalb der Sommer- und Herbstferien Mo geschl., im Nov./Dez. nur Sa/So | Tel. 02223/214 69 | www.weinhaus-winzerhaeuschen.de | €€)*. Oder Sie warten bis zum Gipfel. Nahe der **Ruine des Bergfrieds** bekommen Sie rustikal-bürgerliche Küche im Restaurant **Auf dem Drachenfels** *(In der Hauptsaison Di–So 10–18 Uhr | Tel. 02223/219 35 | www.drachenfels-gastronomie.de | €)*.Von der Panoramaterrasse aus haben Sie einen phantastischen Ausblick auf das Rheintal.

4 ZONS

25 km nördlich von Köln liegt die mittelalterliche Stadt Zons. Wenn Sie dort die Fähre auf die andere Rheinseite nach Urdenbach nehmen, sind Sie schon in einem Vorort von Düsseldorf. ***Auto: A 57 Richtung Neuss, Ausfahrt 25 Dormagen, Ausschilderung folgen. Bahn: S 11 von Köln Hbf. bis Dormagen, Bus 875: Zons.***

Im Norden Kölns beginnt geografisch der Niederrhein: Der Strom durchzieht nun eine weite, flache Auenlandschaft mit Backsteingehöften wie in Holland oder Flandern. Alte Windmühlen sind typisch für diese Region. In **Zons [120 C2]** sehen Sie solch ein Exemplar: Ein Eckturm der mittelalterlichen Stadtbefestigung wurde im 17. Jh. nach dem Vorbild einer holländischen Mühle umgebaut. Zons markiert auch eine weitere Grenze: Südlich der mittelalterlichen Stadt trinkt man das goldgelbe Kölsch, nördlich dagegen, Richtung Düsseldorf, wird das braune Altbier ausgeschenkt – ein echtes Glaubensbekenntnis. In Zons werden beide Biersorten ausgeschenkt.

Keine andere Befestigungsanlage im Rheinland ist in solch unveränderter Weise erhalten wie die **Umwallung** von Zons, das Erzbischof Friedrich III. von Saarwerden 1373 zur Stadt erhoben hatte. Mit der Verlegung des Zolls von Neuss nach Zons ließ er zur Sicherung seiner Rechte und zum Schutz der Bürger die Tore, Türme und Mauern errichten, die Sie heute noch besichtigen können.

Wenn Sie Ihren Wagen am Parkplatz Rheintor abstellen, beginnen

Sie den Rundgang vor diesem Tor mit dem sechsgeschossigen **Zollturm**. Halten Sie sich rechts und folgen Sie dem Wall entlang der nördlichen Stadtmauer. Am **Krötschenturm** schließt sich die westliche Stadtmauer an. Vermutlich diente er in Pestzeiten zur Quarantäne, daraus leitet sich der Name ab: „En ahl Krötsch" ist in der Mundart eine stets kränkelnde Person. An der Schlossstraße erinnert der **Schweinebrunnen** an die „Zonser Schweinefehde" 1575/77. An der linken Standfigur ist die Erklärung eingemeißelt. An der südlichen Seite der Stadtmauer treffen Sie auf die **Mühle**, das **Südtor** und die **Freilichtbühne** (Mitte Juni–Sept. Märchenspiele). Das **Kreismuseum** beherbergt drei Sammlungen: Jugendstilzinn, Textilkunst und Zeichnungen von Walter Koenigstein *(Di–Fr 14–18, Sa/So 11–17 Uhr | Schlossstr. 1 | Eintritt 3 Euro)*. Regionalküche und heiße Waffeln genießen Sie im Traditionslokal **Zum Feldtor** *(Do–Di 11–24 Uhr | Schlossstr. 40 | Tel. 02133/245 90 | www.zum-feldtor.de | €)*. Sie haben nun drei Möglichkeiten, wieder zu Ihrem Ausgangspunkt zurückzukehren: Gehen Sie über die Rheinstraße innerhalb der Stadt, folgen Sie dem Weg durch die Pappelauen entlang der Außenmauer oder machen Sie einen weiteren Bogen über den Deich am Rheinufer. Infos gibt es beim *Heimat- und Verkehrsverein der Stadt Zons | Stürzelberger Str. 18 | 41541 Dormagen-Zons | Tel. 02133/37 72 | www.hvv-zons.de.*

Mischung aus Villa, Burg und herrschaftlichem Gemäuer: Schloss Drachenburg

> VON ANREISE BIS WETTER

Urlaub von Anfang bis Ende: die wichtigsten Adressen und Informationen für Ihre Kölnreise

ANREISE

AUTO

Staus drohen im Berufsverkehr, bei Großveranstaltungen und mancheln Messen. Park-and-ride-Plätze sind ausgeschildert. An den Karnevalstagen sind Alkoholkontrollen an der Tagesordnung, und in der Innenstadt und entlang der Vorortumzüge sind zahlreiche Straßen gesperrt.

BAHN

Unbedingt beachten: Manche ICE-Züge halten nur in Köln-Hbf., und manche fahren vom Ruhrgebiet nur über Köln-Deutz nach Frankfurt/M. Taxistände gibt es an beiden Ausgängen des Hauptbahnhofs. Die U-Bahn-Station Dom/Hbf. liegt an der Domseite. In die Altstadt oder ins Eigelsteinviertel gelangen Sie in wenigen Minuten zu Fuß.

FLUGZEUG

Der Konrad-Adenauer-Flughafen Köln-Bonn liegt ca. 15 km vom Kölner Stadtzentrum entfernt. Normalerweise dauert eine Taxifahrt zum Dom ca. 20 Minuten (Preis ca. 30 Euro). Die Linien S 13 und RE 8 fahren in ca. 20 Min. vom Hauptbahnhof zum neuen Bahnhof Köln/Bonn-Flughafen. Preis: ca. 2,40 Euro. Vom Flughafen Düsseldorf gelangen Sie in 45 bis 60 Min. nach Köln. Taxi: ca. 75 Euro, S-Bahn 9,60 Euro, IC 18,50 Euro.

PRAKTISCHE HINWEISE

AUSKUNFT

KÖLN TOURISMUS [111 D2]

Direkt gegenüber dem Dom befindet sich das Service-Center mit Souvenirshop. Telefonische Hotelvermittlung *Mo–Sa 8–20, So u. Feiertage 10–17 Uhr | Tel. 22 13 04 00 | Vermittlungsgebühr pro Buchung 3 Euro bei persönl. Vermittlung im Servicecenter, telefonisch kostenlos.* Öffnungszeiten des Servicecenter Tourist Info am Dom: *Mo–Sa 9–20, So u. Feiertage 10–17 Uhr | Tel. 0221/221-30400 | info@koelntourismus.de | www.koeln.de*

Filiale am Konrad-Adenauer-Flughafen: *Mo–Fr 7–20, Sa 8–20, So u. Feiertage 9.30–17 Uhr | Tel. 02203/ 40 48 78*

FAHRRADVERLEIH

KÖLNER FAHRRADVERLEIHSERVICE [111 F4]

Ein Fahrrad zu leihen kostet pro Std. 2 Euro, pro Tag 10 Euro. Tgl. findet um 13.30 Uhr eine dreistündige Stadtrundfahrt mit Führung (15 Euro inkl. Rad) statt. Fremdsprachige Radführungen nach Voranmeldung. Markmannsgasse/Rheingarten, direkt an der Deutzer Brücke | *Tel. 0171/ 629 87 96 | www.koelnerfahrradverleih.de | Bahnen und Busse: Heumarkt*

INTERNET

Tourist-Info: *www.koeln.de*; Wetter: *www.wetterbote.de/koeln*; offizielle Seite der Stadtverwaltung: *www.stadt-koeln.de*; Online-Buchung Hotels: *www.cologne-in.de*, *www.hrs.com*; Kölner Historie: *www.cologneweb.com/chronik.htm*; Veranstaltungen, Sport etc.: *www.koeln-online.de*; Verkehrstipps und Flughafen-Infos: *www.koelnerbucht.de/verbraucherjournal.php#av*; Köln-Kalender mit aktuellen Events: *www.koelner.de*, *www.koelnmusik.de*; Kartenbestellungen: *www.koeln-ticket.de*, Kultur-Tipps: *www.wdr.de/studio/koeln*; Konzerte: *www.colognein.de/konzerte.html*; Musik-Events: *www.regioactive.de/locations.html*; Ausstellun-

WAS KOSTET WIE VIEL?

KÖLSCH	**1,40–1,65 EURO** für ein Glas (0,2 l)
PARKEN	**1,50–1,80 EURO** eine Stunde im Parkhaus
U-BAHN	**1,60 EURO** für drei Stationen
KARNEVAL	**35–40 EURO** Eintritt Karnevalssitzung
KAFFEE	**2,10 EURO** für eine Tasse
HALVE HAHN	**4,50 EURO** für eine Portion

gen: *www.koeln-galerien.de*, Museen: *www.museenkoeln.de*; Messen: *www.koeln-messe.de; Lesungen: www.stbibkoeln.de/termine*; Sport: *www.sportinkoeln.de*; Karneval: *www.koelnerkarneval.de*; Kinogeschichte/Filminitiative Köln: *www.filminitiativ.de*

INTERNET CAFÉS

CAFÉ CENTRO [110 C4]

Am Ausgang zur Poststraße: kleine Saftbar mit Snacks und acht PC-Anschlüssen. *Mo–Fr 6.30–21 Uhr, Sa 8–16 Uhr | U-Bahn-Passage Neumarkt | Bahnen und Busse: Neumarkt*

COLONY [110 A6]

Im Univiertel gelegenes Internetcafé mit 16 PCs, zwei Laptops, heißen und kalten Getränken. *Mo–Sa 10–2 Uhr, So 11–2 Uhr | Zülpicher Str. 38–40 | www.multimedia-colony.de | Bahnen und Busse: Zülpicher Platz oder Dasselstraße/ Südbahnhof*

INTERNETCAFÉ CALLBOX [113 D5]

Sie finden diesen Zugangspunkt zum World Wide Web gegenüber dem „Theater am Bauturm". Nette Atmosphäre; bei Fragen treffen Sie auf sachkundiges Personal – und einen anständigen Kaffee gibt's für alle Net-Surfer auch. *Mo–So 11–24 Uhr | Aachener Str. 13 | www.internet-cafe-koeln.de | Bahnen und Busse: Rudolfplatz*

MITFAHRZENTRALE

ADM-Mitfahrzentrale: *Tel. 194 40*; Citynetz Mitfahrzentrale: *Tel. 194 44 | www.citynetz-mitfahrzentrale.de*

NACHTAPOTHEKEN

Auskunft *Tel. 118 80*

NOTDIENSTE

Nachtapotheken: *Apotheken-Notdienst Tel. 118 80*
Ärztl. Notdienst (Hausbesuche): *Tel. 118 80*
Zahnärztl. Notdienst: *Tel. 01805/ 98 67 00*

NOTRUFE

Polizei *Tel. 110*
Feuerwehr *Tel. 112*

ÖFFENTLICHE VERKEHRSMITTEL

Sie zahlen bis zu Ihrem Ziel, z.B. Königswinter oder Zons, immer denselben Tarif, egal, ob Sie den DB-Regionalexpress, die S-Bahn, die Bahnen und Busse der Kölner Verkehrs-Betriebe (KVB) oder der Stadtwerke Bonn (SWB) oder den Regionalverkehr Köln GmbH benutzen (nach Bonn fährt die DB aber doppelt so schnell wie die KVB). Tickets bekommen Sie an den Schaltern am Hauptbahnhof, in den Fahrgastzentren (z.B. am Neumarkt), an den Automaten in den U-Bahn-Stationen und in den Bahnen. Ein Kurzticket für drei Stationen kostet 1,60 Euro, das Normalticket 2,40 Euro, das 4er-Ticket 8,30 Euro.

Mit dem normalen City-Ticket (2,40 Euro) können Sie 90 Minuten lang unterwegs sein und so oft umsteigen, wie Sie wollen. Nach Düsseldorf lösen Sie das Regio-Ticket Preisstufe 5 (9,60 Euro). Ein Tagesticket wäre zwar teurer (20,20 Euro), würde sich aber trotzdem lohnen, wenn Sie an diesem Tag anschließend in Köln bis 3 Uhr nachts noch öfter Bahn fahren wollen. *Infos: www.kvb-koeln.de*

REGIONALVERKEHR KÖLN GMBH [111 D-E1]
Vom Hauptbahnhof/Breslauer Platz aus fahren Busse ins Kölner Umland. *Tel. 163 70 | www.rvk.de*

PARKEN

Das Parkhaus am Dom kostet 0,60 Euro pro 20 Min., max. 18 Euro pro Tag *(Abendtarif ab 19 Uhr 1 Euro/Std.)*. An anderen Stellen in der Innenstadt werden 1,50-1,80 Euro/Std. verlangt. Tipp: Statt das Parkhaus „Dom/Rhein" anzusteuern, sollten Sie lieber direkt die Parkhäuser am Heumarkt oder am Gürzenich wählen. Achten Sie unbedingt auf die temporären Parkverbote, die schon am Vorabend vor Karnevalsumzügen und Straßenfesten erlassen werden: Der Abschleppwagen kommt schneller als Sie glauben. Und sich mit einer Knöllchen schreibenden Politesse auf einen Diskussion einzulassen ist auch in Köln zwecklos.

RHEINFAHRTEN

Das „Müllemer Böötche" fährt von der Hohenzollernbrücke nach Mülheim. Karl Berbuer schwärmte 1936 in seinem berühmten Karnevalsschlager: „Heidewitzka, Herr Kapitän, me'm Müllemer Böötche fahre mer so jän. Mer kann su schön em Dunkle schunkele, wenn üvver uns die Stääne (Sterne) funkele". Wenn Sie Lust und Zeit haben, können Sie aber auch eine Tagestour ins Siebengebirge unternehmen.

BONNER PERSONEN-SCHIFFAHRT [114 B3]
Ab der Bastei *Juni–13. Sept. Mo, Di, Mi, 4. Juli–23. Aug. auch Sa/So* Linienfahrten nach Linz und zurück. *Abfahrt 9.30, Rückkehr 18.45 Uhr | 24 Euro | Tel. 0228/63 63 63 | www.b-p-s.de*

DAMPFSCHIFFAHRT COLONIA [111 F2]
Das vielbesungene „Müllemer Böötche": Genießen Sie die einstündige Rundfahrt ab Hohenzollernbrücke-Zoo-Mülheim und zurück. *April–Okt. 10–17.30 Uhr alle 45 Min. | 6,80 Euro | Tel. 257 42 25 | www.dampfschiffahrt-colonia.de*

FÄHRBETRIEB HANS LINDEN [111 F2]
Fähre von der Hohenzollernbrücke zur Messe/Rheinpark. *April–Okt. 10–17.30 Uhr und zu Messeterminen | hin und zurück 2,50–3 Euro | Tel. 38 47 38*

KÖLN-DÜSSELDORFER DEUTSCHE RHEINSCHIFFAHRT AG [111 F3]
Ab Frankenwerft/Rheingarten (zwischen Hohenzollern- und Deutzer Brücke) startet diese einstündige Panoramafahrt mit den Schiffen „MS Jan von Werth" oder „MS Drachenfels". *Tgl. 7,20 Euro, Nachmittagsfahrt (2 Std.) tgl. 10,30 Euro, Abendfahrt Mi/Do 12,20 Euro, Sa mit Büfett 44,80 Euro; Tagesfahrt nach Zons 17,70 Euro | genaue Termine unter www.koeln-duesseldorfer.com | Tel. 208 83 18*

KÖLNTOURIST PERSONENSCHIFFAHRT [111 F2]
Ein Ausflug ab der Hohenzollernbrücke: einstündige Fahrt nach Rodenkirchen. *März-Okt. ab 10.15, Nov./Dez. ab 12 Uhr, letzte Fahrt im Sommer 17.40 Uhr | 7,30 Euro | www.koelntourist.net*

SCHWIMMBÄDER & EISSTADION

AQUALAND [0]

Spaßbad mit Wasserrutsche, Karibik-Flair, Sauna, Solarium und Fitnessstudio. *Mo–Do 9.30–23, Fr 9.30–24, Sa 9–24, So 9–23, Mo u. Mi ab 19 Uhr FKK | 2 Std. 9,90 Euro, Tageskarte 13,90 Euro | Merianstr. 1 | Chorweiler | Tel. 702 80www.aqua-nd.de | U 18: Chorweiler Zentrum*

CLAUDIUS-THERME [114–115 C–D3]

Thermalbad im Rheinpark, Innen- und Außenbecken, physikalische Therapien (Fango etc.). *Tgl. 9–24 Uhr | 2 Std. 14 Euro, Wochenend- u. Feiertagtarif 16 Euro, Tageskarte 25,50/27,50 Euro | Sachsenbergstr. 1 | Deutz | Tel. 98 14 40 | www.claudius-therme.de | U-Bahnen: Deutzer Bahnhof, dann Bus 150*

EIS- UND SCHWIMMSTADION [114 B2]

Wegen Umbau bis mindestens Ende 2009 geschlossen. Ausweichangebote für Eislauf: *Tel. 279 19 10.*

MÜNGERSDORFER STADION [0]

Kölns größtes Freibad punktet mit acht Becken und einem Zehnmeterturm. *Mitte Mai–Sept. Mo–Fr 10–20, Sa/So 9–20, in den Schulferien ab 10 Uhr | Aachener Str./Stadion | Tel. 279 18 40 | www.koelnbaeder.de | U 1: Stadion*

STADTBESICHTIGUNGEN

CCS BUSREISEN GMBH [111 D2]

Stadtrundfahrten (Deutsch und Englisch). *Tgl. 10, 12, 14, April–Okt. zusätzlich Fr/Sa 16 Uhr | 10 Euro, ab Köln Tourismus | Kardinal-Höffner-Platz 1 | Tel. 979 25 70 71 | www.ccs-busreisen.de | Bahnen und Busse: Dom/Hbf.*

DOMFORUM [111 D2]

Führungen durch den Dom und verschiedene Kölner Kirchen, darunter die berühmten zwölf romanischen Kirchen. Das halbjährlich erscheinende Führungsprogramm mit den genauen Monatsterminen „Kölner Kirchen im Blick" ist kostenlos im

WETTER IN KÖLN

	Jan.	Feb.	März	April	Mai	Juni	Juli	Aug.	Sept.	Okt.	Nov.	Dez.
Tagestemperaturen in °C	4	6	10	14	19	22	24	24	20	14	9	5
Nachttemperaturen in °C	-1	0	2	5	8	12	14	14	11	7	4	0
Sonnenschein Std./Tag	2	2	4	5	6	7	6	5	5	4	2	2
Niederschlag Tage/Monat	18	15	13	17	13	13	14	14	14	16	18	17

Domforum erhältlich, oder unter www.domforum.de einzusehen. *Domkloster 3 | Tel. 92 58 47 30 | Bahnen und Busse: Dom/Hbf.*

FLIGHT TRAINING COLOGNE [0]

Für alle, die historische Flugzeuge mögen: Buchen Sie einen der Nostalgie-Rundflüge über Köln, Bonn oder dem Bergischen Land mit einer originalen Antonov *(s. Terminkalender unter www.ft-cgn.de). 30 Min. kosten 80–158 Euro. Von März bis Ende Okt. Abflug ab Hangelar (bei Siegburg), ab Köln/Bonn nur nach Vereinbarung bei mindestens neun Gästen. Infos und Buchungen: 0151/16 75 10 76*

STATTREISEN

Erkundungen abseits der üblichen Touristenprogramme. *Mo–Fr 10–13 u. Mo, Di, Do 14–16 Uhr | 8 Euro/6 Euro ermäßigt | Bürgerstr. 4 | www.stattreisen-koeln.de | Tel. 732 51 13*

TAXI-GUIDE

Einstündige Taxifahrt mit dem Chauffeur als Fremdenführer: 40 Euro. Bestellung über *Taxi-Ruf Köln. Tel. 28 82*

TOUR-AGENTUR

Die themenbezogenen „Erlebnistouren" durch die Domstadt wie die Kölschtour (auf kölsch), Pilgertour, Friedhofstour, Literaturtour oder Kriminaltour bieten Ihnen Amüsantes und Mysteriöses. Gruppenführungen kosten zwischen 109 und 145 Euro. *Tour-Agentur | Hohe Pforte 22 | Tel. 932 72 63 | info@tour-agentur.de | www.koeln-erlebnistouren.de*

TAXI

Grundpreis 2,50 Euro, Mo–Sa 6–22 Uhr bis 5 km pro km 1,55 Euro, ab 5 km 1,35 Euro, 22–6 Uhr sowie So und feiertags bis 5 km 1,65 Euro, ab 5 km 1,45 Euro. Bei Anruf aus dem Hotel oder Restaurant müssen Sie an normalen Tagen ca. 5–10 Minuten Wartezeit einkalkulieren. Lasttaxis für umfangreicheres Gepäck sollten Sie rechtzeitig vorbestellen.

Heiligabend ab 19 Uhr, Silvester und an den Karnevalstagen jeweils ab 24 Uhr sind Taxis sehr schwer zu bekommen. *Taxi-Ruf Köln 28 82*

TELEFON

Vorwahl von Köln: *0221*

THEATER- & KONZERTKARTEN

KÖLN MUSIK TICKET-SHOP [111 E2]

Mo–Fr 10–19, Sa 10–16 Uhr | Tel. 20 40 81 60 | Roncalliplatz (am Römisch-Germanischen Museum) | Bahnen und Busse: Dom/Hbf. Eine Auflistung anderer Vorverkaufsstellen in Köln und Umgebung finden Sie unter www.koelnticket.de.

TRINKGELD

Sind Sie mit dem Service zufrieden, gönnen Sie dem Personal die üblichen zehn bis fünfzehn Prozent. In Restauranttoiletten sind 0,50 Euro üblich. Manche Taxifahrer haben sich die Unsitte angewöhnt, von sich aus aufzurunden. Die Köbesse im Brauhaus dürfen sich während der Arbeit nur zu alkoholfreien Drinks einladen lassen. Städtische Bedienstete dürfen grundsätzlich kein Trinkgeld annehmen, auch nicht die Museums- und Stadtführer.

Kölner Uferpromenade

> UNTERWEGS IN KÖLN

Die Seiteneinteilung für den Reiseatlas finden Sie auf dem hinteren Umschlag dieses Reiseführers

CITY ATLAS

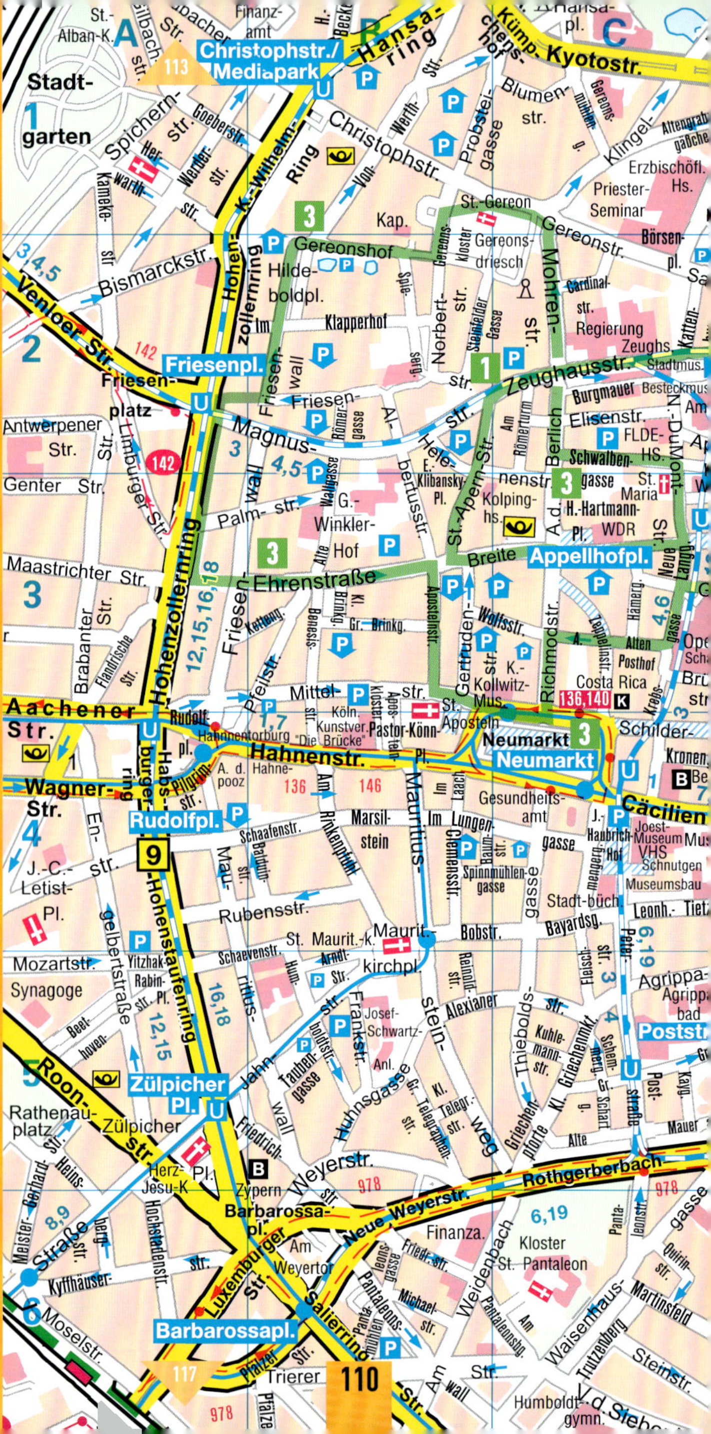
A
B
C
1
2
3
4
5
6
113
117
Christophstr./
Mediapark
Hansaring
Kyotostr.
Stadtgarten
Spichernstr.
Goeberstr.
Werderstr.
Christophstr.
Von-Werth-Str.
Probsteigasse
Blumenstr.
Gereonsmühlengasse
Klingelpütz
Erzbischöfl. Hs.
Priester-Seminar
St.-Gereon
Kap.
Gereonshof
Gereonsdriesch
Gereonstr.
Börsenpl.
Bismarckstr.
Hohenzollernring
Hildeboldpl.
Klapperhof
Norbertstr.
Steinfelder Gasse
Mohrenstr.
Cardinalstr.
Regierung
Zeughaus
Stadtmus.
Venloer Str.
Friesenpl.
Friesenplatz
Friesenwall
Friesenstr.
Zeughausstr.
Burgmauer
Elisenstr.
Schwalbengasse
FLDE-HS.
St. Maria
Antwerpener Str.
Limburger Str.
Magnusstr.
Römergasse
Albertusstr.
Helenenstr.
Am Römerturm
Berlich
Genter Str.
Wallgasse
Palmstr.
E.-Klibansky-Pl.
Kolpinghs.
St.-Apern-Str.
H.-Hartmann-Pl.
WDR
G.-Winkler-Hof
Breite Str.
Appellhofpl.
Maastrichter Str.
Ehrenstraße
Apostelnstr.
Neue Langgasse
Brabanter Str.
Flandrische Str.
Kettengasse
Benesisstr.
Gr. Brinkg.
Kl. Brinkg.
Gertrudenstr.
Wolfsstr.
K.-Kollwitz-Mus.
Richmodstr.
Zeppelinstr.
Alte Posthof
Costa Rica
136,140
Krebsg.
Aachener Str.
Rudolfpl.
Pfeilstr.
Mittelstr.
Köln. Kunstver. "Die Brücke"
Pastor-Könn-Pl.
St. Aposteln
Neumarkt
Schildergasse
Hahnentorburg
Hahnenstr.
Am Rinkenpfuhl
Mauritiussteinweg
Im Laach
Gesundheitsamt
Cäcilienstr.
Wagner-Str.
Habsburgerring
Pilgrimstr.
A. d. Hahnepooz
136
146
Marsilstein
Im Lungengasse
Clemensstr.
Baumstr.
Spinnmühlengasse
J.-Haubrich-Hof
Joest-Museum VHS
Schnütgen Museumsbau
Enstr.
J.-C.-Letist-Pl.
Schaafenstr.
Balduinstr.
Mauritiusstr.
Rubensstr.
Stadt-büch.
Leonh.-Tietz
Mozartstr.
Synagoge
Gelbertstraße
Yitzhak-Rabin-Pl.
Hohenstaufenring
Schaevenstr.
St. Maurit.-k.
Maurit.-kirchpl.
Arndtstr.
Bobstr.
Bayardsg.
Reinoldstr.
Fleischmengergasse
Peterstr.
Agrippastr.
Agrippabad
Poststr.
Beethovenstr.
Josef-Schwartz-Anl.
Frankstr.
Huhnsgasse
Alexianerstr.
Thieboldsgasse
Kuhlemannstr.
Griechenmkt.
Griechenpforte
Scharrnstr.
Post
Zülpicher Pl.
Roonstr.
Zülpicher Str.
Rathenauplatz
Jahnstr.
Taubengasse
Hunsgasse
Gr. Telegraphenstr.
Kl. Telegr.-str.
Alte Mauer
Heinsbergstr.
Herz-Jesu-K.
Friedrichstr.
Weyerstr.
Zypern
Rothgerberbach
Meister-Gerhard-Straße
Barbarossapl.
Neue Weyerstr.
Finanza.
Weidenbach
Kloster St. Pantaleon
6,19
978
Hochstadenstr.
Kyffhäuserstr.
Luxemburger Str.
Am Weyertor
Pantaleonsgasse
Michaelstr.
Martinsfeld
Quirinstr.
Waisenhausgasse
Moselstr.
Barbarossapl.
Salierring
Trierer Str.
Pfälzer Str.
Am Pantaleonsberg
Trutzenberg
Steinstr.
Humboldt-gymn.
V. d. Siebenburgen
12,15,16,18
12,15
16,18
4,5
1,7
3,4,5
142

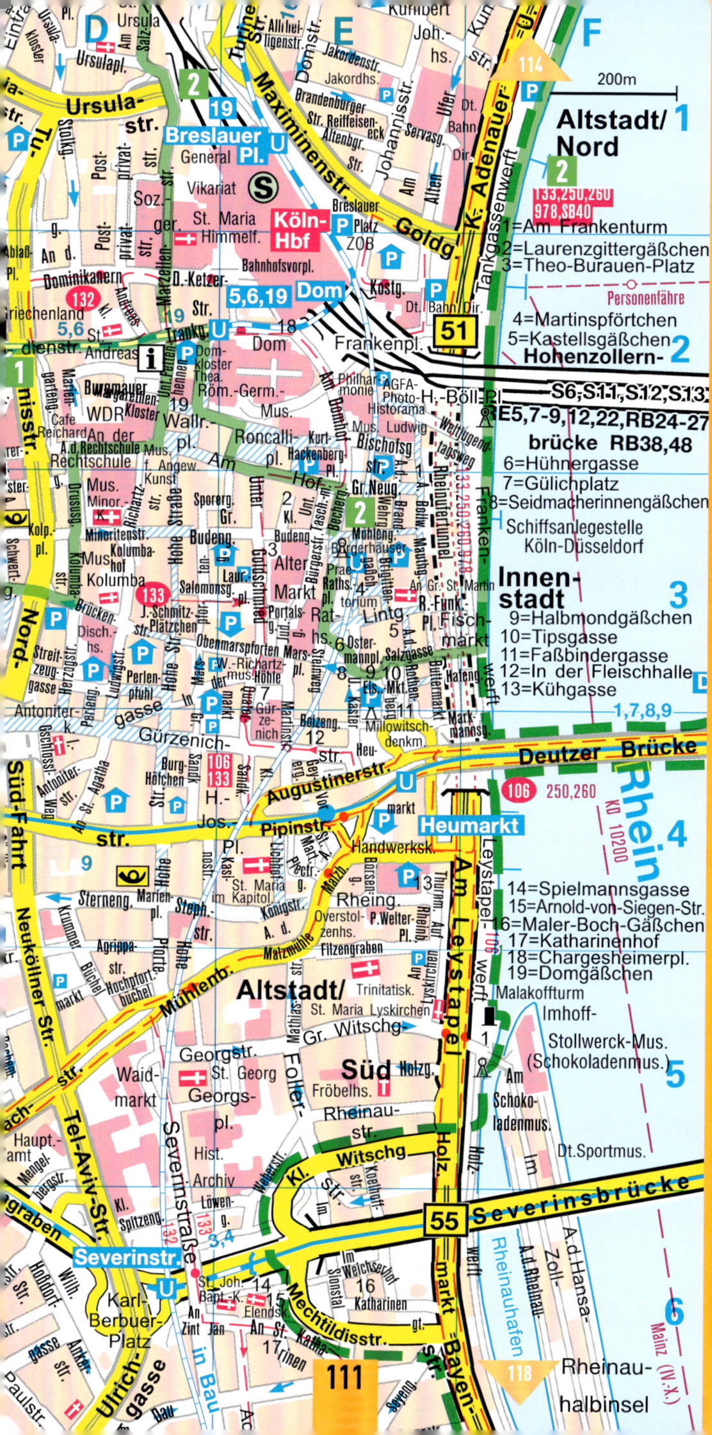
Altstadt/ Nord 1
200m
114
2
133,250,260 978,SB40
1=Am Frankenturm
2=Laurenzgittergäßchen
3=Theo-Burauen-Platz
Personenfähre
4=Martinspförtchen
5=Kastellsgäßchen
Hohenzollern- 2
brücke RB38,48
S6,S11,S12,S13
RE5,7-9,12,22,RB24-27
6=Hühnergasse
7=Gülichplatz
8=Seidmacherinnengäßchen
Schiffsanlegestelle Köln-Düsseldorf
Innenstadt 3
9=Halbmondgäßchen
10=Tipsgasse
11=Faßbindergasse
12=In der Fleischhalle
13=Kühgasse
Deutzer Brücke
Rhein
4
14=Spielmannsgasse
15=Arnold-von-Siegen-Str.
16=Maler-Boch-Gäßchen
17=Katharinenhof
18=Chargesheimerpl.
19=Domgäßchen
Malakoffturm
Imhoff-Stollwerck-Mus. (Schokoladenmus.)
5
Dt.Sportmus.
Severinsbrücke
55
6
Rheinauhafen
Rheinauhalbinsel
118
Altstadt/ Süd
Breslauer Pl.
Köln-Hbf
Dom
Heumarkt
Severinstr.
51
Maximinenstr.
Ursulastr.
Nord-Süd-Fahrt
Tel-Aviv-Str.
Am Leystapel
St. Maria Himmelf.
Röm.-Germ.-Mus.
Mus. Ludwig
Alter Markt
Gürzenich
St. Maria im Kapitol
St. Maria Lyskirchen
St. Georg
Severinstraße
Karl-Berbuer-Platz
Ulrichgasse
Mechtildisstr.
Bayenstr.

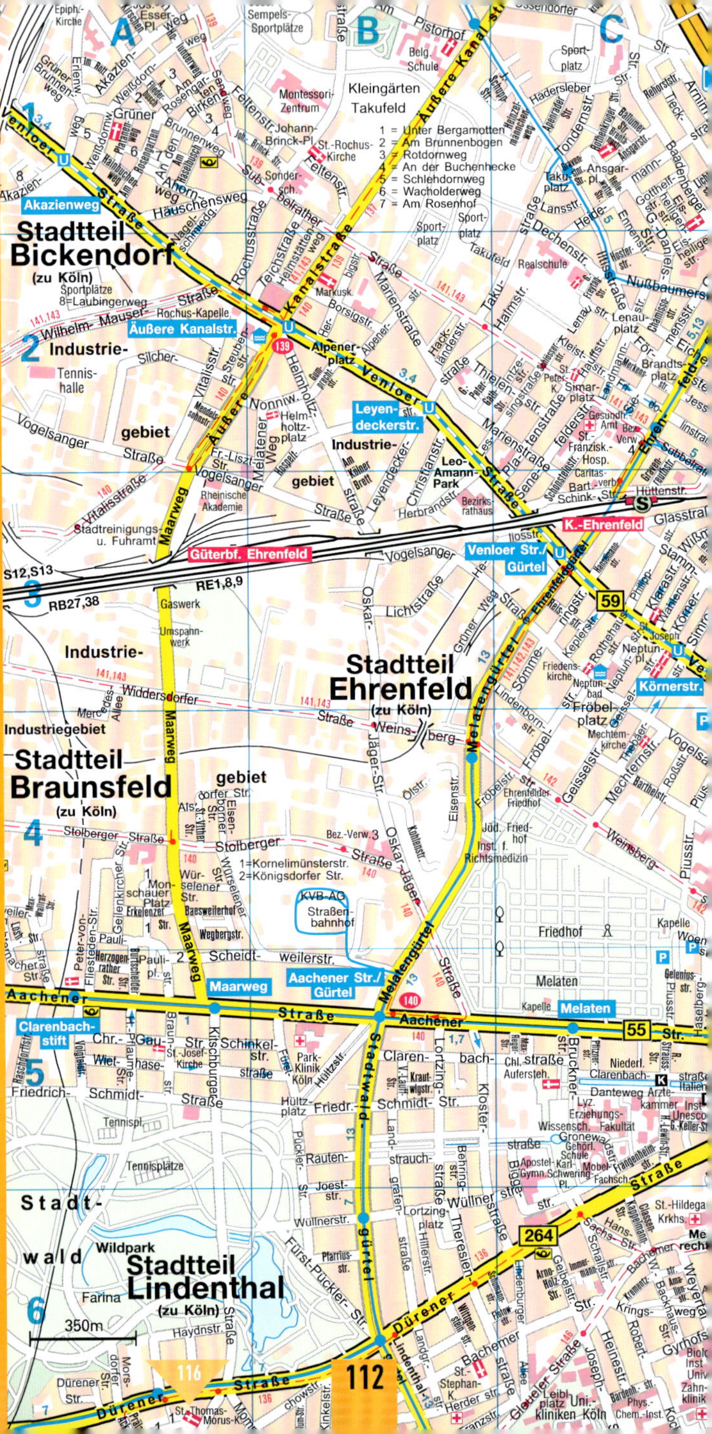
A
B
C
Stadtteil Bickendorf (zu Köln)
Stadtteil Ehrenfeld (zu Köln)
Stadtteil Braunsfeld (zu Köln)
Stadtteil Lindenthal (zu Köln)
Stadtwald
Wildpark
Industriegebiet
Industrie-
gebiet
Kleingärten Takufeld
1 = Unter Bergamotten
2 = Am Brunnenbogen
3 = Rotdornweg
4 = An der Buchenhecke
5 = Schlehdornweg
6 = Wacholderweg
7 = Am Rosenhof
Akazienweg
Äußere Kanalstr.
Leyendeckerstr.
Venloer Str./Gürtel
K.-Ehrenfeld
Güterbf. Ehrenfeld
Körnerstr.
Aachener Str./Gürtel
Maarweg
Melaten
Clarenbachstift
Venloer Straße
Äußere Kanalstraße
Vogelsanger Straße
Maarweg
Melatengürtel
Stadtwaldgürtel
Aachener Straße
Dürener Straße
Stolberger Straße
Widdersdorfer Straße
Subbelrather Straße
Friedhof
Melaten
1=Kornelimünsterstr.
2=Königsdorfer Str.
KVB-AG Straßenbahnhof
S12,S13
RB27,38
RE1,8,9
350m
116

D
E
F
1
2
4
5
Escher Str.
Müngersdorfer Str.
Sportplätze
park
Industrie-
Neu-
gebiet
ehrenfeld
AS Ehrenfeld
30
Nippes
K.-Nippes
S6
P+R
1=Kleine Hartwichstr.
2=Lenbachstr.
Sechzig-
Hartwich
Merheimer Platz
Lohsestr.
Florastr.
Gellertstr.
Kuenstr.
Lohsestraße
Holbeinstr.
Innere Kanal-
Neusser Str.
Neusser Platz
Lis-Böhle-Park
Am Gleisdreieck
S12,S13
Lukasstraße
Neustadt/
Nord
Balthasarstr.
Ebertplatz
Media-
Park
1=Im Glockenring
K.-Hansaring
S13
RB25
Im Mediapark
Hansaring
Erftstr.
Innere Kanalstraße
Bezirks-
sportanlage
Prälat Ludwig Wolker
Fernmeldeturm
Stadt-
garten
K.-West
Hans-Böckler-Pl./Bf.W.
Venloer Str.
Christophstr.
Gereonshof
Kyotostr.
Ursula-
Köln-Hbf
Dom
Friesenplatz
Brüsseler
Platz
Aachener Weiher
Moltkestr.
Hahnenstr.
Neumarkt
Cäcilienstr.
Hohenzollernring
Hohenstaufenring
Rathenauplatz
Zülpicher Str.
Barbarossa-pl.
Universität
K. Süd
Altstadt/
Süd
Severinstraße
Eifelstr.
Ulrichgasse
Hiroshima-
Nagasaki-Park
Universität Hauptgeb.
Mensa
Sportplatz

Stadtteil Nippes (zu Köln)
Industriegebiet
Johannes-Giesberts-Park
Kinderkrankenhaus
Florastr.
Zoologischer Garten
Bot. Garten
Flora
AS Zoobrücke
Zoo/Flora
Lohsestr.
Merheimer Platz
Kleingärten
Lis-Böhle-Park
Rollschuhbahn
Eis- und Schwimmstadion
Ehem. Fort
Kinderverkehrsgarten
Neusser Platz
Reichenspgr.-pl.
Skulpturenpark
Zoobrücke
Neustadt/Nord
Ebertpl.
Theodor-Heuss-Ring
Rhein
Rheinpark
K.-Hansaring
Hansaring
Thurmchens-wall
2=Im Krahnenhof
3=Kunibertsklostergasse
Kyotostr.
Ursulastr.
Maximinenstr.
Altstadt/Nord
Konrad-Adenauer-Ufer
Köln-Hbf
Dom
Hohenzollernbrücke
Tanzbrunnen
Rheinparkhallen
Messeturm
Picasso-Platz
RTL
K.-Messe/Deutz
Schiffsanlegestelle Köln-Düsseldorf
Innenstadt
Deutzer Brücke
Neumarkt
Cäcilienstr.
Nord-Süd-Fahrt
Altstadt/Süd
Imhoff-Stollwerck-Mus. (Schokoladenmus.)
Dt.Sportmus.
Severinsbrücke
Deutzer Freiheit
Stadtteil Deutz (zu Köln)
Rheinauhalbinsel
Drehbrücke
Hafenamt
Rheinauhafen
Chlodwigplatz
Severinstraße
Ubierring
Waidmarkt
Heumarkt
Alter Markt
Rathaus
Gürzenich
Kolumba
Rheinpark
Mülheim
118

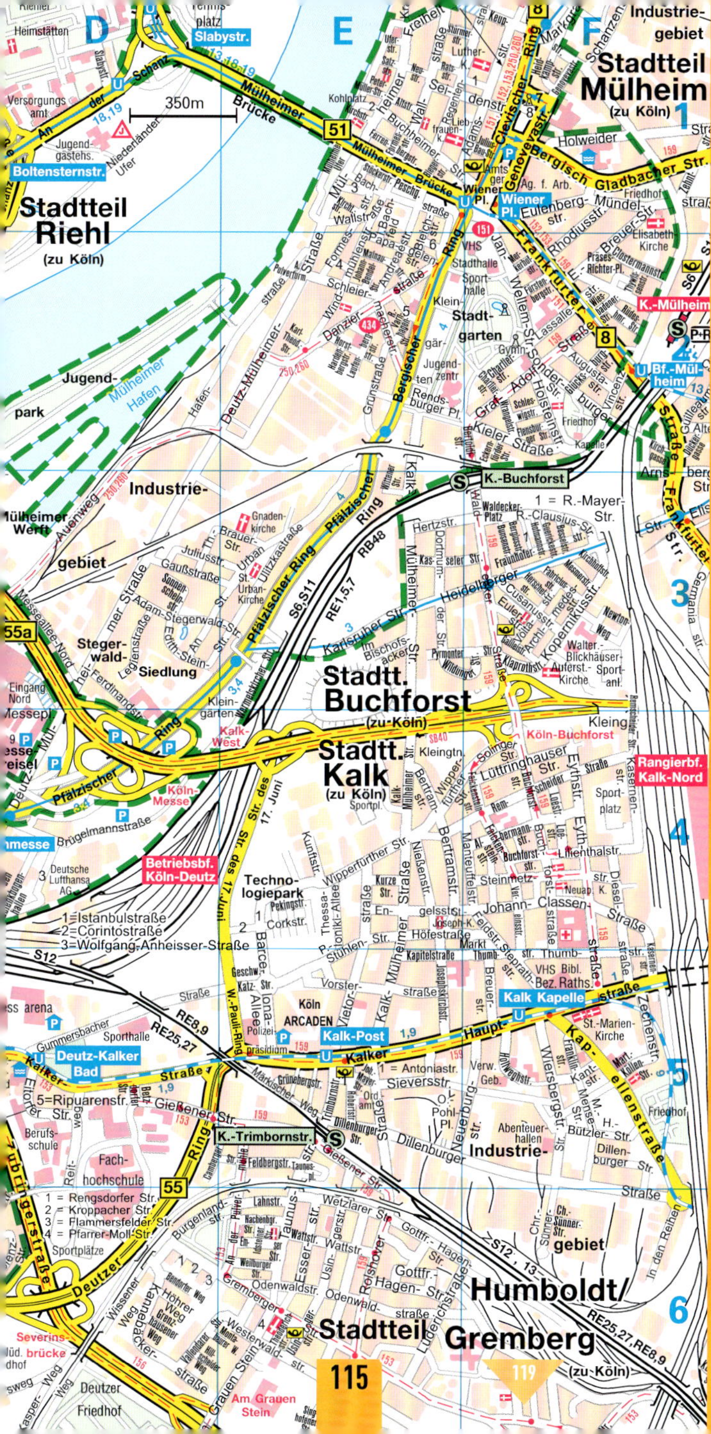

Stadtteil Mülheim (zu Köln)
Stadtteil Riehl (zu Köln)
Stadtt. Buchforst (zu Köln)
Stadtt. Kalk (zu Köln)
Stadtteil
Humboldt/ Gremberg (zu Köln)
Industriegebiet
Mülheimer Brücke
Mülheimer Hafen
Jugendpark
Stadtgarten
Steger-wald-Siedlung
Technologiepark
Köln ARCADEN
Slabystr.
Boltensternstr.
Wiener Pl.
K.-Mülheim
Bf.-Mülheim
K.-Buchforst
Köln-Buchforst
Kalk-West
Köln-Messe
Betriebsbf. Köln-Deutz
Rangierbf. Kalk-Nord
Kalk Kapelle
Kalk-Post
Deutz-Kalker Bad
K.-Trimbornstr.
Severinsbrücke
Bergisch Gladbacher Str.
Frankfurter Str.
Clevischer Ring
Bergischer Ring
Pfälzischer Ring
Kalker Hauptstraße
Kapellenstraße
Dillenburger Str.
Gießener Str.
Deutzer Ring
Zubringerstraße
Str. des 17. Juni
1 = R.-Mayer-Str.
1=Istanbulstraße
2=Corintostraße
3=Wolfgang-Anheisser-Straße
1 = Antoniastr.
5=Ripuarenstr.
1 = Rengsdorfer Str.
2 = Kroppacher Str.
3 = Flammersfelder Str.
4 = Pfarrer-Moll-Str.
350m

119

Stadtwald
Farina
A
112
B
C
264
Stadtteil Lindenthal
(zu Köln)
Dürener Str.
Dürener Straße
Haydnstr.
Max-Bruch-Str.
Brahmsstr.
Morsdorfer Str.
Joseph-Teusch-Str.
Werthmann-str.
St.-Thomas-Morus-K.
Joh.-Heinrich-Platz
Mommsenstr.
Kinkelstr.
Uhlandstr.
Lindenthalgürtel
Dürener Str.
Bachemer Str.
St.-Stephan-K.
Herder str.
Franzstr.
Gleueler Str.
Leibl-platz
Universitäts-kliniken Köln
Joseph-Stelzmann-Str.
Robert-Koch-Str.
Gyrhofstr.
Biolog. Inst. d. Univ.
Phys.-Chem.-Inst.
Orthop. Klinik
Zahn-klinik
St.-Joh.-d.-Täufer-K.
Kerpener Straße
Scheffelstr.
Paul-Gerhardt-Kirche
St.-Elisabeth-Krkhs.
Freiligrathstr.
Schlegelstr.
Krieler Straße
H.-A.-Müller-hm.-Park
Kerpener Str.
Lindauer Str.
Schnitzler Str.
Bachemer Str.
Viktor-Jüd. Friedhf.
Am Gleueler Bach
Friedhof
Kloster
Goldenfels str.
Krieler Dom
Frechener Pl.
Heimb.-Pl.
Zülpicher Str.
Zülpicher Straße
Sülzgürtel
Neuenhöfer Allee
Mommsenstr.
Turnhalle
Euskirchener Str.
Hygieneinstitut der Universität
Militärring
Eichenkreuz-Sportanlage
ehem. Fort IV
Gleueler Str.
Gleueler Straße
Klein-garten-kolonie
Sülzer
Sülz
Hermesstr.
Morbacher Str.
Simmerer Str.
Straßen-bahnhf. Sülz
Beethovenpark
Kinder-garten
Tennis-plätze
Sport-plätze
Hollerather Str.
Münster-eifeler Pl.
Stadtteil Sülz (zu Köln)
Mander-scheider Pl.
Kinderh. Sp.-pl.
Städt.
Aquarienweg
Castell-launer Str.
Beethoven-park
1 = Himmerichstr.
2 = Asbergstr.
Militärringstraße
Schießstände
Decksteiner Weiher
Fr.-Kremer
1. FC Köln Stadion
Sportpark
Sport-plätze
F.-Kremer-Allee
Berrenrather Straße
Russ.-Förd.
Klettenberg-park
Siebengebirgs-allee
Geisberg-str.
Luxemburger Straße
Stadtteil Efferen (zu Hürth)
1 = Paul-Gerhardt-Weg
2 = Bodelschwinghstraße
3 = Schaesbergstraße
4 = Fürstenbergstraße
5 = Coesenstraße
6 = Matthias-Erzberger-Weg
Efferener Str.
Duffesbach
265
M. Schleifkotten
Kölner Rugby Park
Ehem. Fort
Kleingärten
Stadtteil Klettenberg (zu Köln)
AS Köln-Klettenberg
Sport-platz
11a
Kolpingstraße
Klosterstraße
Bachstraße
Jugend-freizeitst.
Friedhof
VHS
Kinder-garten
Efferen
Burg Efferen
P+R
Rom. Grab-kammer
Höninger Weg
Hahnenstraße
Studenten-wohnh. Univ. Köln
4
E40
Geschw.-Scholl-Sch.
Turnh.
Städt. Gärten
Wasser-werk
Gewerbe-gebiet
Salzsilo
Kiesgrube
22 = Margarete-Kochner-Straße
23 = Alice-Neugebauer-Straße
24 = Am Schleifkotten
25 = Ernst-Wilhelm-Nay-Straße
26 = Heinrich-Hoerle-Straße
Containerbf
Autohof

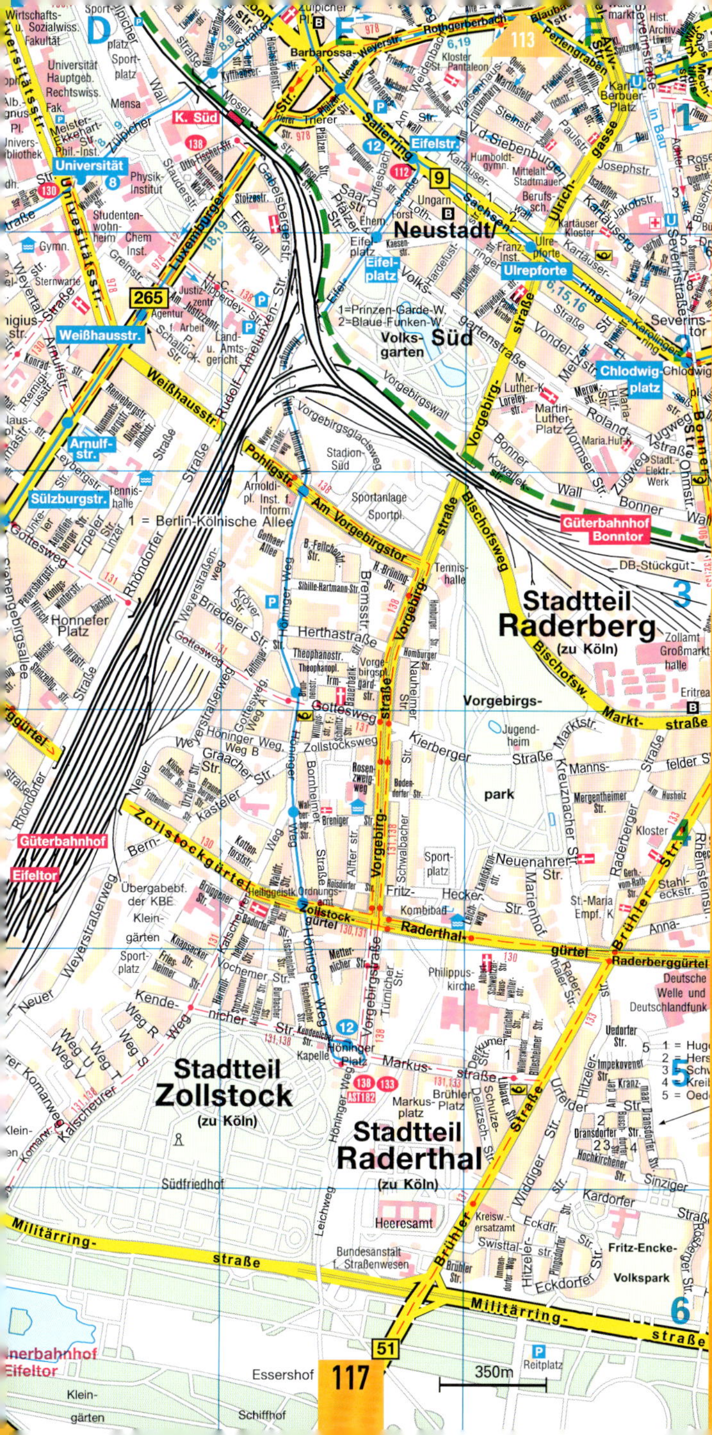

113
Wirtschafts- u. Sozialwiss. Fakultät
Universität Hauptgeb. Rechtswiss. Fak.
Mensa
Universitätsstr.
Universität
Physik-Institut
Studentenwohnheim
Chem Inst.
Sternwarte
Weißhausstr.
Luxemburger Str.
Zülpicher Str.
K. Süd
Justizzentrum
Agentur f. Arbeit
Amtsgericht
Barbarossa-Platz
Rothgerberbach
Kloster St. Pantaleon
Salierring
Eifelstr.
Sachsenring
Ulrichgasse
Kartäuser Kloster
Neustadt/
Eifelplatz
Ulrepforte
Severinstor
Karolingerring
Chlodwigplatz
Bonner Str.
Süd
Volksgarten
Vorgebirgswall
Vorgebirgstr.
1=Prinzen-Garde-W.
2=Blaue-Funken-W.
Martin-Luther-Platz
Stadion-Süd
Sportanlage
Pohligstr.
Am Vorgebirgstor
1 = Berlin-Kölnische Allee
Arnulfstr.
Sülzburgstr.
Tennishalle
Rhöndorfer Str.
Honnefer Platz
Güterbahnhof Bonntor
DB-Stückgut
Stadtteil Raderberg
(zu Köln)
Zollamt
Großmarkthalle
Bischofsweg
Marktstraße
Vorgebirgspark
Jugendheim
Höninger Weg
Gottesweg
Zollstocksweg
Kierberger Straße
Herthastraße
Bremsstr.
Güterbahnhof Eifeltor
Zollstockgürtel
Raderthalgürtel
Raderberggürtel
Übergabebf. der KBE
Kleingärten
Sportplatz
Kombibad
Philippuskirche
Deutsche Welle und Deutschlandfunk
Brühler Str.
Höninger Platz
Markusstraße
Markusplatz
Brühler Platz
Stadtteil Zollstock
(zu Köln)
Stadtteil Raderthal
(zu Köln)
Südfriedhof
Heeresamt
Bundesanstalt f. Straßenwesen
Militärringstraße
Fritz-Encke-Volkspark
Güterbahnhof Eifeltor
Essershof
Schiffhof
Reitplatz
350m
51
265

Stadtteil Deutz (zu Köln)
Neustadt/Süd
Stadtteil Raderberg (zu Köln)
Stadtteil Bayenthal (zu Köln)
Stadtteil Marienburg (zu Köln)
Stadtteil Raderthal (zu Köln)
Rhein
Severinsbrücke
Südbrücke
Rheinauhafen
Deutzer Hafen
Ulrepforte
Chlodwigplatz
Ubierring 6,15
Schönhsr. Str.
Bayenthalgürtel
Güterbahnhof Bonntor
Anschlussstelle Verteilerkreis Köln
1=Am Tauzieher
3=Achtergäßchen
4=An der Eiche
5=Hirschgäßchen
6=Im Ferkulum
7=An der Basilika St.Severin
8=Severinskirchplatz
9=Severinsmühlengasse
10=Hans-Abraham-Ochs-Weg
11=Am Hafenamt
12=Anna-Schneider-Steig
13=L.-Oelbermann-Promenade
14=Elisabeth-Treskow-Platz
15=Katharina-Schauberg-Promenade
1 = Droste-Hülshoff-Str.
1 = Hugo-Efferoth-Straße
2 = Herseler Straße
3 = Schwadorfer Straße
4 = Kreibohmstraße
5 = Oedekovener Straße
Bonner Straße
Militärringstraße
Raderberggürtel
Brühler Straße
Fritz-Encke-Volkspark
Deutsche Welle und Deutschlandfunk
Römerpark
Friedenspark
Südpark
350m
114
118
55
51
9

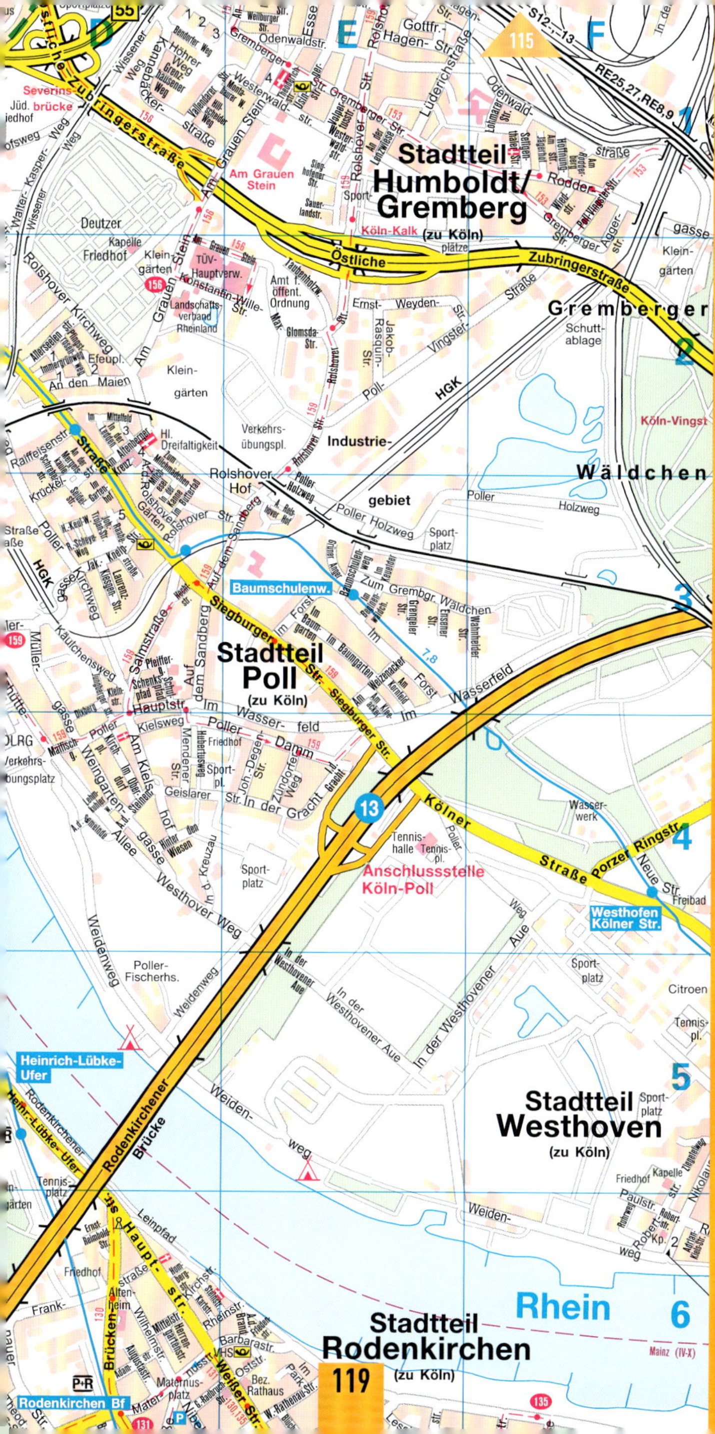

D
E
F
115
1
2
3
4
5
6
Stadtteil Humboldt/ Gremberg
Köln-Kalk (zu Köln)
Stadtteil Poll (zu Köln)
Stadtteil Westhoven (zu Köln)
Stadtteil Rodenkirchen (zu Köln)
Rhein
Severins- brücke
Zubringerstraße
Östliche Zubringerstraße
Am Grauen Stein
Deutzer Friedhof
Kapelle
Klein- gärten
TÜV- Hauptverw.
Konstantin-Wille- Str.
Landschafts- verband Rheinland
Amt f. öffent. Ordnung
Gremberger Wäldchen
Schutt- ablage
Köln-Vingst
Industrie- gebiet
HGK
Verkehrs- übungspl.
Rolshover Hof
Hl. Dreifaltigkeit
Rolshover Kirchweg
Poller Holzweg
Baumschulenw.
Siegburger Str.
Poller Kirchweg
Kölner Straße
Porzer Ringstr.
Anschlussstelle Köln-Poll
Westhofen Kölner Str.
Wasser- werk
Freibad
Westhover Weg
Weidenweg
In der Westhovener Aue
Poller- Fischerhs.
Heinrich-Lübke- Ufer
Rodenkirchener Brücke
Haupt- str.
Rodenkirchen Bf
Weißer Str.
Bez. Rathaus
Citroen
Mainz (IV-X)
S12,-13
RE25,27,RE8,9

Nettetal
Lobberich
Tönisvorst
KREFELD
Angermund
Lank-Latum
Kaiserswerth
Ratingen
Baarlo
Kaldenkirchen
Bracht
Beesel
Naturpark Brüggen
Viersen
Süchteln
Anrath
Willich
Meerbusch
DÜSSELDORF
Brüggen
Schwalmtal
Kaarst
Niederkrücht.
Korschenbr.
MÖNCHENGLADB.
NEUSS
Rheydt
Glehn
Hilden
Wegberg
Rheindahlen
Posterholt
Arsbeck
Nette-Route
Schloss Dyck
Kapellen (Erft)
Zons
Wassenberg
Elsum
Wickrath
Jüchen
Dormagen
Karken
Erkelenz
Grevenbroich
Frixheim-Anstel
Monheim
Heinsberg
Holzweiler
Worringen
Hückelhoven
Jackerath
Rommerskchn.
Stommeln
Baal
Pulheim
Randerath
Titz
Bedburg
Geilenkirchen
Niederaussem
Brauweiler
Linnich
Berghm.
Lövenich
Abtei
Übach-Palenberg
Puffendorf
Elsdorf
Baesweiler
Jülich
Horrem
Heerlen
Heppendorf
Frechen
Niederzier
Alsdorf
Aldenhoven
Kerpen
Türnich
Hürth
Kerkrade
Herzogenrath
Inden
Würselen
Golzhm.
Blatzhm.
Gymnich
Langerwehe
Merzenich
Nörvenich
Brühl
Eschwlr.
Liblar
Düren
Erftstadt
Gürzenich
Gladbach
AACHEN
Stolberg (Rhld.)
Burgau
Frieshm.
Bornheim
Weilerswist
Kreuz Bliesheim
Wehebach-Stausee
Kreuzau
Vettweiß
Kornelimünster
Zweifall
Hürtgenwald
Zülpich
Große Eifelroute
Nideggen
Raeren
Roetgen
Hohes Venn
Wollersheim
Eupen
Schmidt
Vlatten
Lammersdorf
Rur-Stausee
Heimbach
Schwerfen
Euskirchen
Lac d'Eupen
Mariawald
Rheinbach
Rhein. Freilichtm.
Simmerath
Mechernich
Bad Münstereifel
Hautes Fagnes
Venn-Route
Einruhr
Gemünd
Sperrgebiet
Monschau
Kall
Kirchsahr
Hohes Venn
Kaltenherberg
Schleiden
Zingsheim
Radioteleskop
Botrange
Olef-Stausee
Steinfeld
Robertville
Wildenburg
Nettersheim
Tondorf
Hautes Fagnes
Hellenthal
Reifferscheid
Elsenborn
Schuld
Hollerath
Blankenheim
Reinhardstein
Eifel
Malmédy
Aremberg
Bütgenbach
Weißer Stein
Waimes
Schmidtheim
Müsch
Büllingen
Adenau
Kronenburg
Dahlem
Losheim
Stadtkyll
Amel
Hallschlag
Wiesbaum
Quiddelbach
10 km
Nürburgring
Manderfeld
Ormont
Nohn
Kerpen (Eifel)
Schönberg
Auw bei Prüm
Schneifel
Steffeln
Hillesheim
Sankt Vith
Dreis
Bleialf
Kasselburg
Dockweiler

D
E
F
Velbert
Neviges
HAGEN
Dahl
LIMBURG
Iserlohn
Balve
Ennepetal
Industrie-museum
Altena
-Wiblingwerde
Schwelm
BARMEN
ELBERFELD
WUPPERTAL
Breckerfeld
Werdohl
Neuenrade
Lüden-scheid
REM-SCHEID
Radevormwald
Schalksmühle
BRÜGGE
Sauerland
Plettenberg
Haan
Berg. Museumsbahn
Wupper-Stausee
Bever-Stausee
Halver
Herscheid
SOLINGEN
Kerspe-Stausee
Verse-Stausee
Nordhelle
Hückeswagen
Wermelskchn.
Ebbegebirge
Attendorn
Leichlingen
Wipperfürth
Ohl
Kierspe
Valbert
Burscheid
Berg. Route
Gr. Dhünn-Stausee
Meinerzhagen
Ebbegeb.
Biggesee
Altenbgr. Dom
Marienheide
Gimborn
Kürten
Gummersbach
Olpe
Wegeringhsn.
Odenthal
Bechen
Lindlar
Aggertalhöhle
Bergneustadt
Drolshagen
LEVERKUSEN
BERG. GLADB.
Engelskchn.
Eckenhagen
Wenden
BENSBERG
Aggertal
Kreuz Olpe-Süd
Wiehl
Reichshof
Bergisches Land
Tropfsteinhöhle
KÖLN
Overath
Wiehl-Staus.
Wildbergerhütte
Homburg
Agger
Much
Denklingen
Freudenberg
PORZ
Rösrath
Nümbrecht
Seelscheid
Waldbröl
Morsbach
Rhein
Neunkchn.
Niederfischbach
Troisdorf
Lohmar
Ruppichteroth
Birken-Honigsessen
Niederkassel
Wahnbach-Stausee
Sieg-Bröl-Route
Rosbach
Siegburg
Sieg
Wissen
Hennef (S.)
Windeck
Betzdorf
St. Augustin
Kr. Bonn/Siegburg
Eitorf
Schönstein
Blankenburg
Roth
Gebhardshain
BEUEL
Uckerath
Oberpleis
Siebengebirge
Kircheib
Weyerbusch
BONN
Buchholz
Marienstatt
BAD GODESBERG
Wahl
Altenkirchen (Ww.)
Königswinter
Asbach
Mecken-heim
Wachtberg
Drachenfels
Hachenburg
Bad Honnef
Flammersfeld
Rolandsbogen
Neustadt (Wied)
Westerwald
Rheinbreitbach
Höchstenbach
Unkel
Puderbach
Remagen
St. Katharinen
Wied
Herschbach
Langenhahn
Bad Neuenahr-Ahrweiler
Linz
Fernthal
a. Rh.
Waldbreitbach
Dierdorf
Freilingen
Dernau
Sinzig
Niederbreitbach
Rhein-Westerwald
Bonefeld
Selters (Ww.)
Schloss Vehn
Bad Breisig
Bad Hönningen
Rheinbrohl
Isenburg
Wirges
Königsfeld
Grüne Str.
Eifel-Ardennen
Brohl-Lützing
Monrepos
Ober-Bieber
Ransbach-Baumbach
Brohltal
Andernach
Neuwied
Bendf.
Dernbach
Montabaur
Kempenich
Laacher See
Weißenthurm
Mülheim-Kärlich
Höhr-Grenzhsn.
Wehr
Maria Laach
Plaidt
Vallendar
Schloss Bürresheim
Kruft
Ehrenbreitstein
Neuhäusel
KOBLENZ
Kreuz Koblenz
Nassau
Mendig
Mayen
Ochtendung
Bad Ems
Virneburg
Kobern-Gondorf
Winningen
Lahnstein
Polch
Waldesch
Braubach
Bäderstr.
Singhofen
Monreal
Spay
Marksburg
Kaisersesch
Elztal
Münstermaifeld
Dachsenhsn.
Kamp-Bornhofen
Eifel
Oberes

Das Register enthält eine Auswahl der im Cityatlas dargestellten Straßen und Plätze

KARTENLEGENDE

Autobahn mit Nummer
Motorway with number
Autoroute avec numéro

Nummer der Autobahnanschlussstelle
Motorway junction number
Numéro d'echangeur d'autoroute

Schnellstraße/ Bundesstraße
Expressway/ Federal road
Route express/ Route nationale

Durchgangsstraße
Main through road
Grande route

Übrige Straßen/ Weg
Other roads/ Footpath
Autres routes/ Sentier

Straßen in Bau/ Planung
Roads under construction/ projected
Routes en construction/ en projet

Fußgängerzone/ Einbahnstraße
Pedestrian zone/ One-way street
Zone piétonnière/ Rue à sens unique

Stadt- und Gemeindegrenze
Town and communal boundary
Limite de ville et commune

Umweltzone
Environmental zone
Zone environnement

Eisenbahn mit Bahnhof
Railway with station
Voie ferrée avec gare

Güter- und Industriebahn
Freight and industrial railway
Voie ferrée de marchandise et industrielle

S3 S3
S-Bahn mit Nummer und Station
Rapid transit train with number and station
Train en trafic suburbain avec numéro et gare

U U6 U6
U-Bahn/ Stadtbahn
Underground/ Light Rail
Métro/ Métro Léger

698 841
Bus/ Straßenbahn mit Endhaltestelle
Bus/ Tramway with terminus
Autobus/ Tramway avec terminus

Parkplatz/ Parkhaus/ Tiefgarage
Car park/ Parking house/ Underground car park
Parking/ Garage/ Parking souterrain

P+R
Park+Ride/ Parkleitsystem
Park+Ride/ Parking control system
Park+Ride/ Système de signalisation

Hallenbad
Indoor swimming pool
Piscine couverte

Kirche
Church
Église

Krankenhaus
Hospital
Hôpital

Campingplatz/ Jugendherberge
Camping site/ Youth hostel
Camping/ Auberge de jeunesse

Post
Post office
Bureau de poste

Försterei
Forester's lodge
Maison forestière

Einzelne Bäume
Isolated trees
Arbres isolés

Wirtshaus/ Ausflugslokal
Inn/ Excursion-Inn
Auberge/ Café-Restaurant

Sendeanlage/ Leuchtturm
Transmitting station/ Lighthouse
Station d'émission/ Phare

Denkmal/ Turm
Monument/ Tower
Monument/ Tour

Windmühle/ Windrad
Windmill/ Windpower
Moulin à vent/ Éolienne

Tourist-Information
Tourist information center
Syndicat d'initiative

Konsulat/ Botschaft
Consulate/ Embassy
Consulat/ Ambassade

Wald/ Park, Friedhof
Forest/ Park, Cemetery
Fôret/ Parc, Cimetière

Weinberg
Vineyard
Vignoble

Heide/ Moor, Sumpf
Heath/ Marsh, Swamp
Lande/ Marais, Marécage

Stadtspaziergänge
City walks
Promenades en ville

FÜR IHRE NÄCHSTE REISE

gibt es folgende MARCO POLO Titel:

DEUTSCHLAND

Allgäu
Amrum/Föhr
Bayerischer Wald
Berlin
Bodensee
Chiemgau/Berchtesgadener Land
Dresden/Sächsische Schweiz
Düsseldorf
Eifel
Erzgebirge/Vogtland
Franken
Frankfurt
Hamburg
Harz
Heidelberg
Köln
Lausitz/Spreewald/Zittauer Gebirge
Leipzig
Lüneburger Heide/Wendland
Mark Brandenburg
Mecklenburgische Seenplatte
Mosel
München
Nordseeküste Schleswig-Holstein
Oberbayern
Ostfriesische Inseln
Ostfriesland/Nordseeküste Niedersachsen/Helgoland
Ostseeküste Mecklenburg-Vorpommern
Ostseeküste Schleswig-Holstein
Pfalz
Potsdam
Rheingau/Wiesbaden
Rügen/Hiddensee/Stralsund
Ruhrgebiet
Schwäbische Alb
Schwarzwald
Stuttgart
Sylt
Thüringen
Usedom
Weimar

ÖSTERREICH | SCHWEIZ

Berner Oberland/Bern
Kärnten
Österreich
Salzburger Land
Schweiz
Tessin
Tirol
Wien
Zürich

FRANKREICH

Bretagne
Burgund
Côte d'Azur/Monaco
Elsass
Frankreich
Französische Atlantikküste
Korsika
Languedoc-Roussillon
Loire-Tal
Nizza/Antibes/Cannes/Monaco
Normandie
Paris
Provence

ITALIEN | MALTA

Apulien
Capri
Dolomiten
Elba/Toskanischer Archipel
Emilia-Romagna
Florenz
Gardasee
Golf von Neapel
Ischia
Italien
Italienische Adria
Italien Nord
Italien Süd
Kalabrien
Ligurien/Cinque Terre
Mailand/Lombardei
Malta/Gozo
Oberital. Seen
Piemont/Turin
Rom
Sardinien
Sizilien/Liparische Inseln
Südtirol
Toskana
Umbrien
Venedig
Venetien/Friaul

SPANIEN | PORTUGAL

Algarve
Andalusien
Barcelona
Baskenland/Bilbao
Costa Blanca
Costa Brava
Costa del Sol/Granada
Fuerteventura
Gran Canaria
Ibiza/Formentera
Jakobsweg/Spanien
La Gomera/El Hierro
Lanzarote
La Palma
Lissabon
Madeira
Madrid
Mallorca
Menorca
Portugal
Sevilla
Spanien
Teneriffa

NORDEUROPA

Bornholm
Dänemark
Finnland
Island
Kopenhagen
Norwegen
Schweden
Stockholm
Südschweden

WESTEUROPA | BENELUX

Amsterdam
Brüssel
Dublin
England
Flandern
Irland
Kanalinseln
London
Luxemburg
Niederlande
Niederländische Küste
Schottland
Südengland

OSTEUROPA

Baltikum
Budapest
Estland
Kaliningrader Gebiet
Lettland
Litauen/Kurische Nehrung
Masurische Seen
Moskau
Plattensee
Polen
Polnische Ostseeküste/Danzig
Prag
Riesengebirge
Russland
Slowakei
St. Petersburg
Tallinn
Tschechien
Ungarn
Warschau

SÜDOSTEUROPA

Bulgarien
Bulgarische Schwarzmeerküste
Kroatische Küste/Dalmatien
Kroatische Küste/Istrien/Kvarner
Montenegro
Rumänien
Slowenien

GRIECHENLAND | TÜRKEI | ZYPERN

Athen
Chalkidiki
Griechenland Festland
Griechische Inseln/Ägäis
Istanbul
Korfu
Kos
Kreta
Peloponnes
Rhodos
Samos
Santorin
Türkei
Türkische Südküste
Türkische Westküste
Zakinthos
Zypern

NORDAMERIKA

Alaska
Chicago und die Großen Seen
Florida
Hawaii
Kalifornien
Kanada
Kanada Ost
Kanada West
Las Vegas
Los Angeles
New York
San Francisco
USA
USA Neuengland/Long Island
USA Ost
USA Südstaaten/New Orleans
USA Südwest
USA West
Washington D.C.

MITTEL- UND SÜDAMERIKA

Argentinien
Brasilien
Chile
Costa Rica
Dominikanische Republik
Jamaika
Karibik/Große Antillen
Karibik/Kleine Antillen
Kuba
Mexiko
Peru/Bolivien
Venezuela
Yucatán

AFRIKA | VORDERER ORIENT

Ägypten
Djerba/Südtunesien
Dubai/Vereinigte Arabische Emirate
Israel
Jerusalem
Jordanien
Kapstadt/Wine Lands/Garden Route
Kapverdische Inseln
Kenia
Marokko
Namibia
Qatar/Bahrain/Kuwait
Rotes Meer/Sinai
Südafrika
Tunesien

ASIEN

Bali/Lombok
Bangkok
China
Hongkong/Macau
Indien
Indien/Der Süden
Japan
Ko Samui/Ko Phangan
Malaysia
Nepal
Peking
Philippinen
Phuket
Rajasthan
Shanghai
Singapur
Sri Lanka
Thailand
Tokio
Vietnam

INDISCHER OZEAN | PAZIFIK

Australien
Malediven
Mauritius
Neuseeland
Seychellen
Südsee

REGISTER

In diesem Register sind alle im Reiseführer erwähnten Sehenswürdigkeiten und Ausflugsziele sowie einige wichtige Straßen und Plätze aufgeführt. Halbfette Seitenzahlen verweisen auf den Haupteintrag, kursive auf ein Foto.

> SCHREIBEN SIE UNS

Liebe Leserin, lieber Leser,

wir setzen alles daran, Ihnen möglichst aktuelle Informationen mit auf die Reise zu geben. Dennoch schleichen sich manchmal Fehler ein – trotz gründlicher Recherche unserer Autoren/innen. Sie haben sicherlich Verständnis, dass der Verlag dafür keine Haftung übernehmen kann.

Wir freuen uns aber, wenn Sie uns schreiben.

Senden Sie Ihre Post an die MARCO POLO Redaktion, MAIRDUMONT, Postfach 3151, 73751 Ostfildern, info@marcopolo.de

IMPRESSUM

Titelbild: Dom, Hohenzollern-Brücke (Getty Images/Look: Martini)
Fotos: Canyon Chorweiler: Achim Schmitt (13 o.); Felix Charpey & Jan Lindert GbR: René Spitz (94 o. l.); W. Dieterich (U. r., 3 l., 11); Melanie Erkens (12 o.); Vivien Fischer (15 M.); © fotolia.com: Daniel Hohlfeld (94 M. r.), Michael Neuhauß (94 u. r.); R. Freyer (2 l., 31, 74, 84, 91); Froitzheim & Hoffmann GbR: Florian Zeeh (95 M. r.); Getty Images/Look: Martini (1); Joachim Gillert (15 u.); Michael Gliss, GLISS GmbH Caffee Gruppe: Guido Schroeder, Ellen Bornkessel (13 u.); R. Hackenberg (4 l., 6/7, 16/17, 22/23, 30, 37, 68, 76, 88/89); HB Verlag: Fischer (49, 86/87, 96/97, 101); KAPESCHMIDT.com (12 u.); M. Kirchgessner (44); L. Kornblum (8, 28, 34, 51, 52/53, 54, 57, 58, 59, 62/63, 64, 67, 70/71, 78/79, 98, 108/109); Laif: Gollhard&Wieland (86, 87), Huber (U. l., 20, 33, 38, 83), Krüll (93), Linke (U. M., 2 r., 3 M., 18, 20/21, 21, 26, 40, 42, 60, 80); Look: Wohner (4 r.); H. P. Merten (3 r.); MMC (95 o. l.); mofa GbR: Armin Pixberg (15 o.); J. Raap (131); Peter Ritter (95 u. r.); Jochen Schweizer GmbH (94 M. l.); social fashion company GmbH: Falco Peters Photography (14 u.); Spichern Höfe: Armin Mueller (95 M. l.); Transglobe: Scholten (5, 72); Ucon-lodge: Stefan Huben, info@studio2000.eu (14 o.); M. Zegers (47)

5. (11.), aktualisierte Auflage 2010

Chefredaktion: Michaela Lienemann, Marion Zorn
Autor: Jürgen Raap; Redaktion: Jens Bey
Programmbetreuung: Silwen Randebrock; Bildredaktion: Gabriele Forst
Szene/24h: wunder media, München
Kartografie Reiseatlas: © MAIRDUMONT, D-73751 Ostfildern
Innengestaltung: Zum goldenen Hirschen, Hamburg; Titel/S. 1–3: Factor Product, München
Sprachführer: in Zusammenarbeit mit Ernst Klett Sprachen GmbH, Stuttgart, Redaktion PONS Wörterbücher

Printed in Germany. Gedruckt auf 100% chlorfrei gebleichtem Papier

> UNSER INSIDER

MARCO POLO Autor Jürgen Raap im Interview

Jürgen Raap ist Kölner. Er liebt und versteht die Eigenheiten dieser Stadt, in der manches anders ist.

Wieso leben Sie in Köln?

Ich bin in Köln geboren und aufgewachsen. Im Laufe der Jahre bin ich viel gereist, aber ich hatte niemals das Bedürfnis, für längere Zeit aus Köln wegziehen wollen. Da geht es mir so wie jedem Kölner: Wenn ich bei der Rückkehr von einer Reise zum ersten Mal wieder die Domtürme sehe, weiß ich, dass ich hier zu Hause und mit der Stadt sehr tief verwurzelt bin.

Was reizt Sie an der Stadt?

„Do bes en Stadt met Liev un Siel" – Du bist eine Stadt mit Leib und Seele, heißt es in einem Song. Köln ist keine geleckte Schicki-Micki-Stadt, sondern hier ist alles ein bisschen zu krumm und zu klein geraten, hier geht es erdverbunden zu. Die Stadt ist mediterran-laut; man lebt und lässt leben. Diese leichte, lässige und optimistische Lebensart hält mich hier, die Menschen, die Sprache ....

Und was mögen Sie an Köln nicht so?

Die bauklempnerisch missratenen Architektursünden der Nachkriegszeit. Manche Ecken in der Domumgebung sind mir zu sehr verdreckt und vernachlässigt.

Wo und wie leben Sie genau?

Ich wohne in Ehrenfeld, vier Kilometer vom Dom entfernt, mitten in einem sehr lebendigen, multikulturellen Viertel.

Was genau machen Sie beruflich?

Ich bin freiberuflicher Journalist, Kunstkritiker, Krimi-Autor und Maler. Die Krimis spielen in Köln und in der Malerei tauchen urbane Randbereiche auf.

Kommen Sie viel in Köln herum?

Ja, ich bin beruflich und privat jeden Tag in der Stadt unterwegs.

Was befähigt Sie zum MARCO POLO-Autor?

Ich kenne Köln nicht nur besser als mancher Taxifahrer, sondern glaube, denjenigen, die diesen Stadtführer nutzen, mit meinen Texten wohl auch etwas über das Lebensgefühl hier am Rhein vermitteln zu können.

Wie gestalten Sie Ihre Freizeit?

Weil man beim Schreiben keine Bewegung hat und keine frische Luft atmet, fahre ich bei schönem Wetter gerne mit dem Fahrrad durch Köln oder durchs Umland.

Mögen Sie die Kölner Küche?

Am liebsten esse ich zwar spanisch und japanisch, aber ich bin auch gerne bei einem „Halve Hahn" oder einer Portion Tatar in einem kölschen Brauhaus.

> BLOSS NICHT!

Humorbremsen und Touristenfallen im freundlichen Köln

Den Köbes mit „Herr Ober" rufen

Bestenfalls werden Sie dann überhaupt nicht bedient. Egal, ob der Brauhauskellner im blauen Wams Albert oder Peter heißt: Man ruft ihn einfach „Köbes".

Im Brauhaus Tee bestellen

Darauf bekommen Sie zu hören: „Mer sin en Brauhaus un kein Sanatorium!" Ähnlich unwirsch reagiert der Köbes, wenn Sie nach Glühwein fragen. Am schlimmsten: Altbier verlangen. Diese Sorte trinkt man nur in Düsseldorf – und da hört der kölsche Humor dann endgültig auf.

Helau rufen

Das macht man nur in Düsseldorf und Mainz. Die Kölner rufen „Kölle Alaaf". Das kommt von „Cöllen al aff", d.h. Köln über alles und wurde erstmals 1733 im Karneval als Lob- und Trinkspruch ausgerufen. Apropos trinken: Wundern Sie sich nicht, am Rosenmontag wird in den Kneipen nach jedem Kölsch sofort bar kassiert.

Umwege erlauben

Die Taxiinnung geht zwar rigoros gegen schwarze Schafe vor, aber manche Chauffeure glauben trotzdem, Ihnen das halbe Rheinland zeigen zu müssen. Um herauszufinden, ob Sie sich auskennen, fragt der Fahrer jovial: „Na, wieder mal in Köln?" Antworten Sie dann bloß nicht: „Ich bin zum ersten Mal hier".

Unbekümmert parken

Die Politessen machen selbst in den Vororten bis 23 Uhr Jagd auf Falschparker. Wenn Sie Radwege oder Feuerwehrzufahrten zuparken oder Ihren Wagen auf Behindertenparkplätzen abstellen, dann können Sie ihn in der Mauritiusgarage oder beim Colonia Abschleppdienst auslösen und je nach Dauer der Unterstellung mindestens 110 Euro berappen.

Dieben Gelegenheit geben

Wie in jeder Großstadt sollten Sie sich in Acht nehmen, vor allem im Hauptbahnhof und rund um den Dom: Hier tummeln sich Taschendiebe und Trickbetrüger. Auch auf Weihnachtsmärkten und bei Großveranstaltungen haben Langfinger Hochkonjunktur.

Nachts am Rhein

Die Rheinuferpromenade ist nördlich der Hohenzollernbrücke nachts nicht gerade die sicherste Gegend für einen Spaziergang.

Unverbindliches missverstehen

„Besuchen Sie mich mal!" Das ist zwar eine sehr nette Aussage, aber denken Sie daran: Eine solche Einladung aus dem Mund eines Rheinländers ist nicht unbedingt ernst gemeint.